클래식으로 전쟁을 멈춘다면

14
지식
+
진로

클래식으로 전쟁을 멈춘다면

최민아 지음

심리 치료부터 세계 평화까지 세상을 바꾸는 음악

다른

과학

역사

음악

예술

인문·사회

탐색할 진로

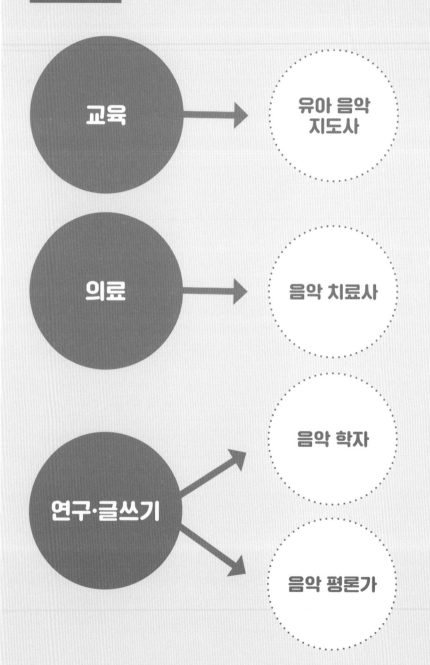

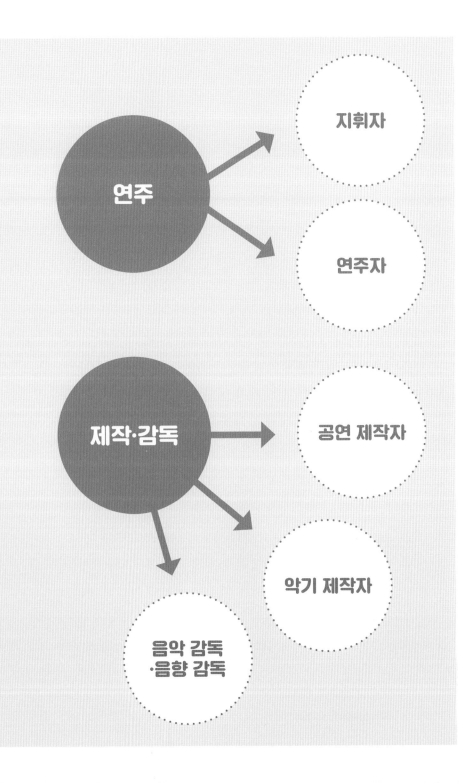

음악가가 되길 망설이는 10대에게

《클래식으로 전쟁을 멈춘다면》. 이 책의 제목을 보고 누군가는 웃을지도 모르겠다. 현실성이 떨어진다고 생각할 수 있기 때문이다. 하지만 나는 이 기획의 제목을 보사마사 글을 써야겠다고 결심했다. 클래식 음악에 대한 많은 이야기를 할 수 있겠다 싶었다.

음악을 좋아하는 '음악 덕후'의 시선으로 세상을 보면 음악은 모든 것과 이어진다. 클래식 음악을 들으면 과거의 문화를 읽을 수 있고 현재와 과거의 사회상을 비교할 수도 있다. 음악이 사람의 마음을 어떻게 움직이는지를 과학적으로 분석할 수도 있고 음악이 우리에게 미치는 영향을 심리학적 관점으로 살필 수도 있다.

이 책은 음악이 우리의 마음을 어떻게 움직이는지에 대한 뇌 과학 이야기로 시작한다. 음악을 다루는 책인데 과학 이야기로 글을 시작하는 이유는, 그만큼 음악이 다양한 주제와 연결될 수 있다는 점을 말하고 싶어서다. 음악이 우리의 마음을 움직이는 순간은 눈에 보이지 않지만, 과학자들은 그 순간을 밝혀내어 보이지 않는 것을 보이게 하려고 열심히 연구를 하고 있다. 이처럼 눈에 보이지 않는 것을 보이게 하는 게 과학자의 일이라면, 눈에 보이지 않아도 그 가치를 믿게 하는 것은 음악가의 일이 아닌가 한다. 이 책에선 눈에 보이는 것과 눈에 보이지 않는 것이 평화롭게 공존하길 바란다.

다음으로 본격적인 클래식 음악 이야기다. 음악을 듣는 건 좋아하지만 클래식 음악은 어렵다고 생각하는 사람이 많다. 그래서 클래식 음악의 역사, 악기, 시대별 음악 및 음악가, 현대 음악과 대중문화까지 최대한 많은 이야기를 쉽게 다루려고 노력했다. 클래식 음악을 소개하는 글이 이미 많지만 거기에 부끄러운 나의 글을 몇 자 더하는 것은, 결국 앞서 음악에 대해 글을 남긴 사람들과 같은 이유일 것이다. "이런 음악이 있으니 한번 들어 보세요."

음악 이야기는 평생 해도 모자란 것이기에 음악에 관한 글을 쓰는 건 어렵지 않다. 그러나 음악 분야의 '진로'를 미래 세대에게 소개하는 건 또 다른 문제다. 직업이란 '생계를 위해 자신의 능력을 발휘해 일정 기간 종사하는 일'을 말하는데, 수백 년 역사를 뒤돌아봐도 음악과 관련된 직업은 생계유지를 위한 안정성과는 무척 거리가 있기 때문이다.

사회가 혼란하고 복잡할수록 어른들은 미래 세대에게 경제적으로 안정된 직업을 권하기 마련이고, 경제적 안정이 보장되지 않는 직업의 가치는 이미 떨어진 지 오래다. 그러나 문득 이런 의문이 들었다. '경제적 안정성에만 치우친 선택이 과연 옳은 선택일까?'

우리 미래 세대는 진로를 정할 때 이미 경제적인 부분을 많이 고려하고 있다. "그 일 재밌어요?"라는 질문보다 "그 일을 하면 돈 많이 벌 수 있어요?"라는 질문을 먼저 하는 걸 보면 짐작할 수 있다.

직업을 볼 때 경제적 안정성을 생각하지 말라는 말이 아니다. 그러나 세상에는 눈에 보이지 않는 가치를 좇는 사람들의 이야기도 필요하다. 누군가에게 위로와 즐거움이 되는 것에 큰 만족과 기쁨을 느끼는 사람들의 이야기 말이다.

코로나19로 세상은 오랜 기간 혼란스러웠다. 몸이 아프고 생계가 흔들리는 상황 속에서 우리는 처음 겪는 일들과 매일 마주했다. 나는 이처럼 세상이 혼란스럽기 때문에 더더욱 음악이 필요하다고 말하고 싶다. 힘들고 어려운 상황일수록 마음을 돌볼 수 있는 이상理想이 누구에게나 필요하지 않겠는가. 앞으로의 세대는 혼란한 세상 속에서도 자신만의 빛을 찾길 기도한다.

2장 클래식의 거의 모든 역사

3장 소리가 모여 음악이 되기까지

4장 음악으로 하나 되는 세상

1장

마음을 다스리는
음악

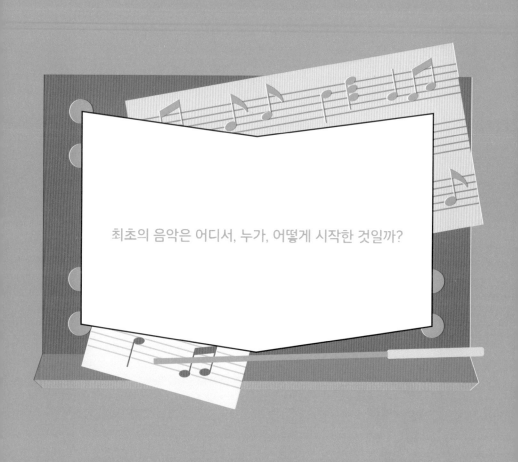

최초의 음악은 어디서, 누가, 어떻게 시작한 것일까?

음악을 정의하다

누군가에게 "음악은 무엇입니까?"라는 질문을 받는다면 아마 대부분의 사람들이 난감해할 것이다. 음악을 정의한다는 것은 매우 까다로운 문제다. 마치 "행복은 무엇입니까?"라는 질문을 받았을 때처럼 명쾌한 답변을 얼른 생각해 내지 못해 막막할 것이다. 과연 음악이란 무엇일까?

음악이란 무엇일까?

우선 '음악'이란 단어의 사전적 의미부터 찾아보자.

> '박자, 가락, 음성 따위를 갖가지 형식으로 조화하고 결합해, 목소리나 악기를 통하여 사상 또는 감정을 나타내는 예술'

요약하면 음악은 '소리라는 재료로 사람의 감정을 나타내는 예술'이라는 것이다. 사람의 마음을 나타낼 수 있다면 세상의 모든 소리는 음악이 될 수 있을까?

존 케이지라는 작곡가는 이 질문에 꼭 맞는 곡을 작곡했다. 그의 작품 중 가장 유명한 작품인 〈4분 33초〉가 그 주인공이다. 이 곡은 1952년 미국 뉴욕에 있는 매버릭 콘서트홀에서 처음 연주되었다.

> **존 케이지**
>
> 우연하게 발생된 소리를 음악 작품에 도입해 많은 음악가에게 영감을 준 미국의 현대 음악가. 기상천외한 시도로 청중들에게 때로는 신선한, 때로는 파격에 가까운 충격을 안겨주곤 했다.

상상해 보자. 관객으로 꽉 찬 객석을 배경으로 피아노 연주자가 천천히 무대 위로 등장한다. 연주자는 피아노 뚜껑을 열고 한참 동안 아무것도 하지 않는다. 관객은 당황하기 시작하고, 조용했던 객석이 웅성거림으로 가득 찬다. 피아노 연주자는 끝끝내 피아노를 연주하지 않고 뚜껑만 열었다 닫았다 하다가 4분 33초 후에 퇴장한다. 이 곡이 존 케이지의 대표곡이라고 불리는 〈4분 33초〉다. 연주자는 단 하나의 건반도 누르지 않았다. 이 작품은 음악일까, 아닐까?

이 곡의 특징은 악보가 없다는 것이다. 3악장 구성이지만 빈 종이 위에 "침묵TACET"이라는 작곡가의 요구만 쓰여 있다. 존 케이지는 이런 작품을 왜 만들었을까?

존 케이지는 우연한 기회로 방음 시설에 들어가게 되었다. 하지만 모든 소리를 차단한다는 무향실에도 미세한 소리가 존재한다는 것을 체험한 그는 그 경험을 바탕으로 〈4분 33초〉라는 작품을 구상하게 된다. 이 세상에 완전한 정적의 순간은 없다는 걸 깨닫고, 우리가 놓치고 있는 수많은 일상의 소리에 귀 기울일 기회를 주고자 이 같은 곡을 만든 것이다.

어쩌면 여러분은 이런 생각을 할지도 모른다. '그럼 윗집 아이가 뛰어다니는 소리도 음악이야?' 또는 '매일 아침 나를 깨우는 알람도 음악이야?' 등의 생각 말이다. 이 질문에 답하자면 "그렇지 않다"이다. 음악은 '사람'이 어떤 '의도'를 가지고 소리를 구성해 타인의 '감정'을 움직이는 예술이다. 그러므로 세상의 모든 소리가 음악이 되는 것은 아니며, 사람이 선택한 소리만이 음악이 된다. 결과적으로 사람이 없으면 음악도 없는 것이다.

〈4분 33초〉가 음악이라고 정의될 수 있는 이유는 무엇일까? 첫째, 존 케이지라는 음악가가 자기 생각을 공유하려고 계획한 무대에서 공연되었다사람이 구성. 둘째, 사람들이 '음악이란 무엇인가'에 대해 생각해 보게 했다타인의 감정을 움직임. 마지막으로 공연장의 웅성거림과 연주자가 피아노 뚜껑을 여닫는 소리가 음악이 되었다사람의 의도로 선택된 소리.

음악을 만드는 재료

존 케이지의 〈4분 33초〉로 음악을 정의해 보았다. 하지만 이것은 절대적인 답이 아니다. 애초에 음악의 정의를 단일화한다는 것은 어떠한 음악을 듣고 이 세상 모든 사람이 똑같은 감정을 느낄 확률만큼이나 낮다. 음악을 정의한다는 것은 어려운 일이지만, 다행히 음악을 구성하는 요소들은 비교적 쉽게 정의할 수 있다.

음악가들은 여러 가지 재료로 음악을 만든다. 음량, 음높이, 리듬, 화성, 선율 등이 음악을 만드는 기본 요소이며 음악가들은 이런 재료를 각기 다른 방법으로 조합해 음악을 완성한다.

우선 음악을 구성하는 가장 기본 요소인 '음音'부터 생각해 보자. 음은 음악적인 소리 하나를 말한다. 음은 음악을 만들기 위해 음악가가 선택한 소리이고, 음악가들은 음악적인 소리 하나를 여러 방법으로 확장해 음악으로 만든다.

음은 음높이, 음량, 음가, 음색으로 이루어진다. 음높이는 음의 높낮이를 뜻하고 음량은 소리의 크기, 음가는 음의 길고 짧음, 음색은 소리가 가진 개성을 말한다. 이런 음의 요소는 어떻게 조직되느냐에 따라 상위 개념으로 발전한다. 예를 들어 음가를 하나의 단위로 무리 지으면 리듬이 되고, 화성은 하나 이상의 음높이 관계에 따라 설정되는 식이다.

음높이는 음악과 음악이 아닌 소리를 구분하는 중요한 요소이므로 좀 더 자세히 살펴보자. 음높이는 공기가 진동하는 횟수에

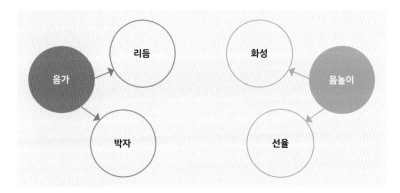

음가와 음높이의 구성 요소

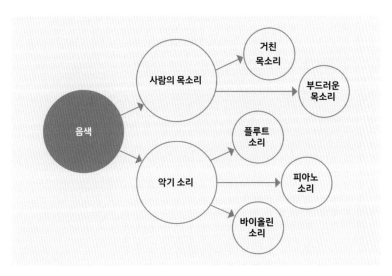

음색의 구성 요소

따라 결정된다. 우리가 음이 높거나 낮다고 느끼는 것은 공기의 진동이 느리거나 빠른 것과 관련이 있다. 사람들은 보통 공기의 진동이 느리면 소리가 '낮다'고 인식하고 공기의 진동이 빠르면 소리가 '높다'고 인식한다.

음의 표준을 정하다

공기의 진동수는 다른 말로 주파수라고도 한다. 음높이는 이 주파수가 어떻게 되느냐에 따라 결정된다. 만약 1초에 공기의 진동이 60회 일어났다고 하면 이것을 주파수가 60Hz인 음높이라고 정의 내릴 수 있다. 주파수를 새는 단위인 Hz헤르츠는 독일의 물리학자 하인리히 헤르츠의 이름을 따온 것이다.

인간이 감지할 수 있는 주파수는 20Hz에서 20,000Hz 사이로 알려져 있다. 물론 사람에 따라 더 낮은 주파수의 소리를 듣는 사람도 있고 더 높은 주파수의 소리를 듣는 사람도 있다. 하지만 보통 음악가들은 사람들이 듣기 쉬운 주파수 안의 소리를 이용해 음악을 만든다.

도, 레, 미, 파, 솔, 라, 시, 도

우리는 이것을 음이름이라고 한다. 음이름은 사람들이 주파수를 일정한 높이로 조율한 것이고, 각각의 음이름에는 정해진 주

한국	다	라	마	바	사	가	나
이탈리아	도	레	미	파	솔	라	시
미국	C	D	E	F	G	A	B

나라별 음이름 명칭

파수가 있다. 주파수가 높으면 소리도 높다. 그래서 레는 도보다 주파수가 높다. 이것은 미국이든 독일이든 중국이든 같다. 물론 나라마다 음이름을 표기하는 방법은 다르다. 우리에게 가장 익숙한 음이름인 '도레미파솔라시도'는 이탈리아어고, 영어권에서는 'CDEFGAB'이며, 우리나라는 '다라마바사가나'라고 표기한다. 이것은 언어에 따라 표기 방식이 달라진 것일 뿐 이들의 음높이는 같다.

하지만 만약 음이름의 음높이가 나라마다 다르다면 어떤 일이 일어날까? 실제로 우리가 지금 쓰고 있는 음이름의 음높이가 통일된 것은 얼마 되지 않은 일이다. 19세기 이선 사람들은 여러 가지 음높이를 사용했기 때문에 똑같은 악보를 보고도 저마다 다른 음높이로 연주했다.

18세기 말 영국, 독일, 프랑스 출신 연주자 3명이 한 자리에 모여 플루트를 연주한다고 상상해 보자. 처음 만난 이들은 똑같은 악보를 보고 연주하지만, 그 연주는 들어주기 힘들 정도로 엉망이다.

프랑스 연주자: "어이 독일 친구. 음이 지나치게 높아."

독일 연주자: "무슨 소리야? 내 음정은 정확하다고!"

영국 연주자: "쯧쯧. 음정도 못 맞추는 아마추어들과 연주해야 한
다니…."

독일·프랑스 연주자: "뭐라고!!"

똑같은 악보를 보고 똑같은 악기를 연주했지만 나라마다 다른 음높이 때문에 이런 상황이 발생한 것이다.

게다가 나라마다 다른 음높이 때문에 악기의 모양도 제각각이었다. 같은 관악기일지라도 길이에 따라 음높이가 달라지다 보니 어떤 사람은 60센티, 또 어떤 사람은 65센티의 관악기를 썼다. 혼자 연주하는 거라면 문제가 없겠지만 위의 경우처럼 여러 나라에서 모인 연주자들이 같은 악보를 보고 함께 연주해야 할 때는 음을 맞추기 어려운 상황이 발생하게 되는 것이다. 음높이를 맞추려면 악기를 고치거나 새로 사야 했다.

음악가들은 어떤 음높이를 표준으로 할 것인가를 두고 치열하게 논쟁할 수밖에 없었다. 자기 나라에서 썼던 음높이를 고수하려는 음악가도 있었고 역사적 사실을 근거로 자신이 사용한 음높이가 맞다고 주장한 음악가도 있었다. 이 논쟁은 1939년 런던 국제회의에서 440Hz의 음높이를 '표준 음높이'로 사용하기로 합의하면서 일단락되었다.

절대 음감이라는 환상

네덜란드의 여성 지휘자 안토니아 브리코의 일대기를 다룬 영화 〈더 컨덕터〉2018에 이런 장면이 나온다. 작은 공원에서 오케스트라 공연을 감상하던 주인공이 연주자들을 뚫어지게 쳐다본다. 그리고 음악이 끝날 때까지 기다렸다가 지휘자에게 연주자 중 한 명이 틀린 음을 연주했다고 지적한다.

음악가의 인생을 다룬 영화에는 위와 비슷한 장면이 자주 등장한다. 수많은 악기 소리에서 다른 음정을 내는 연주자를 찾는다든가 음악을 한 번만 듣고 똑같이 연주한다든가 하는 장면 말이다. 모두 절대 음감과 관련된 이야기다. 무수히 많은 영화에서 뛰어난 음악가들이 가진 특징 중 하나로 절대 음감을 꼽는다. 과연 절대 음감이란 무엇일까?

절대 음감은 음높이를 정확하게 안다는 것이나. 좀 더 자세히 이야기하면, 조율된 음높이를 정확히 기억해 그 음에서 벗어나는 음들을 구분하는 능력이다. 이런 능력은 만 명 중 한 명이 가질까 말까 해서 절대 음감이 있는 사람은 음악적으로 재능이 타고났다는 평가를 받곤 한다. 하지만 절대 음감이 음악가가 가져야 할 필수 능력이라고 생각하는 것은 다소 위험하다.

하버드대학교의 고트프리트 슈라우크 교수와 그의 연구진은 절대 음감이 있는 사람들의 뇌를 스캔해 측두엽의 청각피질을 일반 사람들의 것과 비교했다. 비교 결과 절대 음감이 있는 사람의 청각피질이 일반 사람들의 것보다 크다는 사실을 발견했다. 하지만 이것이 선천적인 것인지 연습에 의해 발달된 것인지는 알 수 없다.

절대 음감은 음높이를 정확하게 구별해 내는 특별한 능력이긴 하지만 음악가에게 꼭 필요한 능력은 아니다. 실제로 절대 음감이 아닌 음악가가 훨씬 많다는 점이 이를 증명한다. 또한 사람들이 기계같이 정확한 음정을 아름답다고 느끼는 것도 아니다. 실제로 우리는 음정은 부정확하지만 독특한 음색을 내는 가수에게 매료되기도 하고, 바이올린 음정이 살짝 빗나가는 순간 전율을 느끼기도 한다.

앞서 우리는 런던 국제회의에서 440Hz의 음높이를 표준 음높이로 합의한 사실을 알게 되었다. 하지만 모든 연주에서 고정된 음높이만 고집한다면 훌륭한 음악가가 될 수 없다. 많은 음악가는 지휘자의 요구나 연주할 곡의 시대에 맞춰 음높이를 조정한다. 440Hz라는 표준 음높이가 있지만, 연주자들은 상황에 따라 음높이를 조절해 연습한다. 이 때문에 절대적인 음높이는 없으며 연주자들 간에 합의된 음높이만 있을 뿐이다.

뇌를 춤추게 하는 음악

과학이 발달하기 전 사람들은 인간의 마음과 뇌는 전혀 연관성이 없다고 생각했다. 영혼은 우리가 태어나기 전부터 존재했으며 마음과 영혼은 인간의 신체와 분리된 것이라고 믿었다. 마음은 인간의 뇌보다 상위의 존재라 마음이 지시하는 대로 뇌가 움직인다고 생각했기 때문이다.

마음과 뇌, 그 어디쯤의 음악

현대로 올수록 사람들은 영혼이나 마음에 관해 이야기하기를 꺼렸다. 과학적이지 않다고 생각했기 때문이다. 반면에 과학자들은 오히려 이 문제에 호기심을 가지기 시작했다. 사람들이 느끼는 마음이나 영혼이 실제로 존재한다면 그것이 어디에서 오는 것인지 알고 싶었다.

마음이 어디에서 오는 것인지를 고민하던 수많은 인지과학자는 인간의 뇌를 연구하면서 뇌가 곧 마음이며 우리가 느끼는 모든 감정은 뇌에서 일어나는 현상임을 밝혀냈다. 컴퓨터로 치면 뇌가 하드웨어의 기능을 하고 마음은 소프트웨어의 기능을 한다는 게 오늘날 과학자들의 견해다. 뇌가 손상을 입었을 때 인격에도 아울러 변화가 생긴 수많은 의학 사례들이 이를 뒷받침한다.

1848년 미국의 철도 노동자 피니어스 게이지는 자신이 일하던 작업 현장에서 폭발 사고를 당했다. 쇠 파이프가 그의 두개골을 관통했지만, 그는 기적적으로 살아났다. 특별한 치료 없이 의식을 찾은 것은 당시에도 굉장한 사건이어서, 그는 많은 과학자와 의료진의 연구 대상이 되었다. 특이한 점은 그를 치료한 의료진 중 한 명인 존 할로우 박사가 피니어스 게이지의 성격이 사고 전과 확연히 달라졌다고 주장한 것이다. 이것은 뇌가 사람의 성격에 영향을 준다는 최초의 주장이었다.

이후에도 뇌혈관이 막혀 뇌세포가 죽거나 외상 후 트라우마를 겪은 수많은 사람이 사고思考나 신체 기능에 손상을 입는 사례가 발견되었다. 특정 기능의 손실이 뇌의 특정 부분과 연관된다는 사실을 발견한 과학자들은 뇌와 마음이 연결되어 있다고 추론하게 되었다.

인간의 뇌는 전두엽, 두정엽, 측두엽, 후두엽으로 구성되어 있다. 전두엽은 뇌에서 가장 큰 부분을 차지한다. 전두엽은 여러 감각이 모이는 곳으로 추리, 계획, 운동, 감정 등에 관한 일을 한다. 두정엽은 근육 운동과 공간 인지, 측두엽은 청각과 기억, 후두엽은 시각에 관여하는 것으로 알려져 있다. 이처럼 과학자들의 연구를 통해 뇌의 각 영역이 담당하는 기능을 대략적으로는 알게 되었으나, 특정 감정이 뇌의 어떤 부분과 정확히 연결되는지 판단하기엔 아직 무리가 있다.

그러나 흥미로운 사실은, 인간이 음악을 들을 때 뇌의 거의 모든 부분이 반응한다는 것이다. 뇌는 음악을 듣고 처리하는 과정에서 정서적 반응을 일으킨다. 음악 심리학자 패트릭 유슬린과 존 슬로보다는 정서적 반응을 7가지 유형으로 설명했다.

그럼 이 7가지 유형 중 몇 가지를 일상생활에서의 예로 설명해 보겠다. 여러분이 록 페스티벌에 갔다고 상상해 보자. 무대 위의 밴드가 연주를 시작하고 수십 대의 스피커를 통해 들리는 드럼 소리가 점점 빨라진다. "쿵치탁치", "두두두두". 심장에 특별한 질병이 있는 것이 아니라면 여러분의 맥박은 빨라질 것이다. 그리고 기분은 흥분 상태가 된다뇌간 반사. 박자와 리듬의 빠르기에 따라 신체가 반응하며 이 과정에서 감정도 동요한다리듬 동조.

어떤 음악을 듣고 눈앞에 옛 기억이 펼쳐지는 경험을 한 적이 있는가? 그 또한 음악에 반응하는 뇌의 활동 중 하나다. 예컨대 어렸을 때 즐겁게 봤던 애니메이션 주제곡이 TV에서 흘러나온

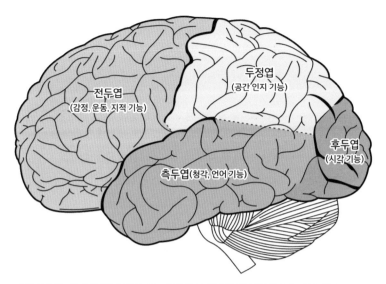

전두엽
(감정, 운동, 지적 기능)

두정엽
(공간 인지 기능)

후두엽
(시각 기능)

측두엽(청각, 언어 기능)

사람의 뇌는 음악을 듣고 처리하는 과정에서 다양한 정서적 반응을 일으킨다.

항목	내용
뇌간 반사	예상치 못한 소리에 흥분이나 불안 등으로 반응하는 현상
리듬 동조	음악의 빠르기에 따라 맥박, 호흡수가 변화해 기분이 전환되는 현상
평가적 조건화	어떤 음악을 들었을 때 좋은 경험이 반복되면 음악만 들어도 기분이 좋아지는 현상
감정 전염	음악이 전하려고 하는 감정을 그대로 받아들이는 현상
시각적 심상	음악을 들으면 시각적 이미지가 떠오르는 현상
에피소드 기억	음악을 듣고 특정 기억을 떠올리는 현상
음악적 기대	음악을 많이 듣는 사람에게 주로 나타나는 현상으로, 음악이 어떻게 진행될지 예측하는 능력

음악이 불러일으키는 정서적 반응 7가지 유형

다고 해보자. 그러면 여러분은 그때 그 애니메이션을 봤을 때의 기분으로 돌아갈 것이다. 환하게 웃으며 즐거워했던 그때 그 순간의 기분 말이다에피소드 기억.

음악은 이렇듯 특정한 기억을 회상하게 하고 감정을 움직이며 심지어 신체 활동까지 활발하게 하는 기능을 한다. 이처럼 음악은 정서적 반응을 일으키는 도구이기 때문에 뇌과학자들이 꾸준히 지켜보는 연구 주제이기도 하다. 어쩌면 음악은 인간의 뇌와 마음의 관계를 풀어 주는 중요한 열쇠일지도 모른다.

모차르트 효과의 진실과 거짓

음악이 뇌의 활동과 밀접한 연관이 있다는 사실은 '모차르트 효과'라는 광풍의 시초가 되었다. 모차르트 효과는 간단히 말하면 '모차르트 음악을 매일 들으면 지능이 높아진다'는 이론이다. 얼마나 획기적인가? 모차르트 음악만 들으면 머리가 똑똑해진다니. 이렇게 간단하고 쉬운 방법이 있다면 누구나 당장이라도 모차르트 음악을 들으러 달려가고 싶을 것이다. 결론부터 말하면 이 내용은 과장된 소문이다.

모차르트 효과는 1993년 미국 위스콘신대학교 프랜시스 로셔 교수의 연구팀이 과학 잡지 〈네이처〉에 논문을 발표하면서 시작되었다. 연구의 내용은 이렇다. 학생들을 세 팀으로 나누어 음악이 공간 추리력에 어떠한 영향을 미치는지 알아보는 것이었다.

로셔 교수는 첫 번째 팀에게는 편안하게 말을 걸었고 두 번째 팀은 그냥 가만히 앉아 있게 했으며 마지막 팀에게는 모차르트 피아노 음악을 들려주었다. 10분 동안 위와 같은 행동을 하게 한 후 공간 추리력 테스트를 진행한 결과 모차르트 음악을 들은 팀이 다른 두 팀보다 좋은 성적을 거두었다.

이 단순한 내용은 어느 날부터 '모차르트 음악을 들으면 IQ가 높아진다'로 변질되었고 미국에서는 그야말로 난리가 났다. 미디어는 모차르트 음악을 들으면 창의력이 좋아지고 정서가 안정되며 뇌신경을 자극해 아이들의 IQ를 향상하는 데 도움을 준다고 보도했다. 심지어 미국 조지아주 주지사는 모차르트 음악 구입 예산을 따로 책정해 학교 교육에 투자하자고 건의했고, 그 예산안은 통과되었다.

연구자들은 이러한 광풍에 당황해 했다. 로셔 교수는 자신의 연구 결과는 일부 능력공간 추리력이 향상되었다는 것이지 전반적인 IQ가 높아진다는 내용이 아니라고 거듭 밝혔지만 이미 시작된 광풍을 멈출 수 없었다. 모차르트 효과는 미국을 넘어 세계로 뻗어 나갔고 클래식 음반사들은 너도나도 모차르트 음반을 내놓았다.

모차르트 효과 광풍은 긍정적인 역할도 했다. 많은 연구자에게 영감을 준 것이다. 그들은 모차르트 음악이 뇌에 미치는 영향에 대해 더욱 자세히 알고 싶어 했다. 연구자들은 모차르트 음악과

다른 클래식 음악을 비교하기도 했고, 클래식 음악이 아닌 다른
장르의 음악과 섞어서 실험하기도 했다. 재미있는 사실은, 사람
들이 모차르트 음악뿐만 아니라 다른 음악에도 반응했다는 것이
다. 모차르트 효과는 과장되었지만, 음악이 뇌 활동에 영향을 미
친다는 사실에는 변함이 없다.

음악을 들으면 공부가 잘될까?

동네 카페든 독서실이든 한 바퀴만 돌아보자. 귀에 이어폰을 꽂
고 공부하는 사람을 분명히 발견할 것이다. 이들은 왜 공부를 하
면서 음악을 듣는 것일까?

　뇌과학자들은 인간이 음악을 들으면 머리 쓰는 일을 잘할 수
있을지 궁금했다. 음악을 들으면 수학 능력이 향상되는지, 독해
능력이 향상되는지, 아니면 집중력이 좋아지는지 등을 알아내고
싶어 했다. 모차르트 효과 연구 이후의 과학자들은 연구에서 사
용되었던 모차르트 음악에 몇 가지 특징이 있음을 발견했다. 우
선 밝은 분위기의 곡이었고, 박자가 빠르다는 거였다. 이 두 가지
사실을 가지고 여러 가지 박자로 똑같은 음악을 들려준 결과, 연
구자들은 사람의 뇌가 빠른 박자의 음악에 반응해 각성된다는
사실을 알게 되었다. 또한 그중에서도 수행 능력이 많이 향상된
사람들은 평소에도 음악을 즐겨 들었다는 특징이 있었다. 결과적
으로 음악을 듣고 기분이 좋아지면 뇌가 각성되고 문제 수행 능

력이 좋아졌다.

만약 여러분이 평소에 음악 듣는 걸 싫어한다면 음악 듣는 것이 여러분의 집중을 방해할 것이다. 하지만 평소에 음악을 즐겨 감상하는 편이라면 음악을 여러분의 집중력 향상을 도와주는 도구로 사용할 수 있다.

예를 들어 보자. 시험 기간이라 공부할 것은 잔뜩인데 카페엔 사람이 많아 시끌벅적하다. 음악 소리에 사람 목소리까지 섞여 도저히 집중할 수 없는 분위기다. 여러분은 어떤 선택을 하겠는가?

실제로 음악을 듣는 것이 어떤 일을 할 때 도움이 되는지 안 되는지는 여러분의 선택에 달려 있다. 매우 조용하고 긴장된 분위기에서의 음악은 오히려 집중을 방해할 수도 있고 자신이 선호하지 않은 장르의 음악을 듣는다면 이 역시 여러분의 능력을 떨어뜨릴 수 있다. 어쩌면 이미 사람들은 연구 결과가 아닌 경험을 통해 음악 사용법을 터득했는지도 모르겠다. 어디든 음악을 들으며 공부하는 사람들이 많은 걸 보면 말이다.

음악이 우리에게 미치는 영향

〈크리미널 마인드〉2005라는 미국 드라마가 있다. 2005년부터 방영을 시작한 이 범죄 스릴러 드라마는 프로파일러가 범죄자의 심리를 파악해 사건을 해결하는 것이 주요 내용이다. 프로파일러는 일반적인 방법으로 해결하기 어려운 범죄를 용의자의 성격, 심리 등을 분석해 범인을 잡는 역할을 한다. 드라마에서 작은 단서 하나로 범인의 신체적 특징, 성격, 어릴 적 모습, 특징적인 행동 등을 찾아내 마치 눈앞에 있는 것처럼 묘사하는 프로파일러의 모습을 보고 있자면 절로 감탄이 나온다.

이렇게 작은 단서로 사람을 분석하는 일은 과연 드라마에서나 가능한 일일까? 내 음악 취향이 나를 설명하는 단서라면 여러분은 어떤 기분이 드는가? 심지어 음악 취향으로 나이를 추측하는 것이 그다지 어려운 일이 아니라면?

음악으로 내 성격을 알 수 있다고?

음악은 다른 경우와 마찬가지로 자주 접한 것을 더 선호하게 된다. 다시 말해 자주 들은 음악을 좋아하게 된다는 말이다. 1990년대에 댄스 음악이 유행했다고 가정해 보자. 1990년에 태어난 사람은 우선 제외된다. 아기의 청각 능력은 엄마의 배 속에서부터 이미 완성되지만, 인지 능력이 미숙하므로 유아기에 자주 들은 음악을 나중에 커서 선호할 확률은 낮다. 아기 엄마가 댄스 음악의 열렬한 팬이 아닌 이상 말이다. 심리학자들의 설명에 따르면 사람들은 10대에서 20대 초반에 많이 들은 음악 장르를 평생 선호하게 될 확률이 높다고 한다. 따라서 1990년대에 10대였던 사람은 댄스 음악을 좋아할 확률이 높다.

이뿐만이 아니다. 자신이 싫어하는 음악 장르를 추적하다 보면 평소에 인지하지 못했던 숨겨진 트라우마를 발견하기도 한다. 떡을 먹고 여러 번 급체하다 보면 그 경험이 트라우마로 남아 이제는 떡을 쳐다보기도 싫어지는 것처럼, 음악도 마찬가지로 그에 대한 나쁜 경험을 반복적으로 하다 보면 점차 그 음악이 듣기 싫어져 피하게 된다.

42쪽에 제시한 표는 음악가이자 물리학자인 존 파웰이 저서 《우리가 음악을 사랑하는 이유》에서 설명한 음악 취향과 인간의 성격 특성을 정리한 것이다. 여러분의 음악 취향과 성격은 얼마나 일치하는지 살펴보자.

장르를 가리지 않고 모든 음악을 좋아하는 사람이라면 다음 표와는 맞지 않을 수도 있다. 클래식 음악도 좋아하지만 강렬한 록 음악도 즐겨 듣는 사람은 운동 능력이 좋을까, 좋지 않을까? 영화를 선택할 때 내용보다 영화에 나오는 음악을 듣고 선택할 정도로 영화 음악을 사랑하고, 재즈 아티스트의 공연이 있다고 하면 재즈 클럽에 한걸음에 달려가는 사람은 정치 성향이 보수적일까, 진보적일까?

사실 음악 취향을 보고 인간의 성격을 특정하는 것은 전문적인 영역이다. 음악 취향은 개인적인 요인뿐 아니라 사회·문화적 요인도 관여하기 때문이다. 가족들이 어떤 장르의 음악을 좋아하는지, 친한 친구들이 듣는 음악은 어떤 장르인지, 현시대에 대중적인 인기를 얻고 있는 음악이 무엇인지 하는 것들도 개인의 음악 취향에 영향을 준다.

실제로 오랜 연구를 한 심리학자들은 플레이리스트만 보고도 그 사람에 대해 많은 것을 추론할 수 있다고 말한다. 2000년대 들어서 이러한 음악 프로파일링은 심리학자들의 인기 연구 주제가 되었고, 현재까지도 활발히 연구되고 있다. 미래에는 우리가 듣는 플레이리스트를 가지고 우리의 성향을 분석하는 인공지능AI이 등장할지도 모를 일이다.

음악 취향	성향	정치 성향	언어 능력	운동 능력
사색적이고 복잡한 음악 (클래식, 재즈, 포크, 블루스)	개방적	진보	좋음	좋지 않음
강렬하고 반항적인 음악 (록, 얼터너티브, 헤비메탈)	개방적	-	좋음	좋음
편안하고 관습적인 음악 (팝, 영화음악, 종교음악)	친화적 외향적 성실함	보수	좋음	좋음
활기차고 율동적인 음악 (랩, 소울, 일렉트로닉)	외향적 친화적	진보	-	-

음악 취향에 따른 성향 및 능력

백화점 폐점 음악과 소비의 상관관계

2016년 4월 28일, 〈뉴데일리경제〉 신문에 아래와 같은 기사가
게재되었다.

롯데백화점, 37년 만에 개폐점 음악 변경… "왜?"
- 최근 고객 소비 트렌드 맞춰 음악 선정, 유통업계 최초 유키 구
  라모토 편곡

롯데백화점이 개점과 폐점을 알리는 음악을 37년 만에 변경한
다. 이번에 선보이는 개폐점 음악은 영화 〈오즈의 마법사〉 OST
로 유명한 〈Over the rainbow〉와 버트 바카락의 〈Close to you〉
로, 세계적인 아티스트 유키 구라모토가 직접 편곡한 것이 특징
이다. (중략)
기존엔 고객들이 백화점에서 원하는 상품만을 구매하는 '목적 구
매형' 소비 트렌드로 인해, 롯데백화점은 개점 곡으로 경쾌한 멜
로디의 행진곡인 베르디의 〈개선행진곡〉을, 폐점 곡으로는 쇼핑
을 다 마친 고객이 만족감을 느낄 수 있도록 스웨덴 그룹 아바의
〈I have a dream〉을 사용했다.

여러분이 백화점에서 쇼핑하고 있다고 상상해 보자. 폐점 시간
은 다가오고, 마음은 급하다. 꼭 사야 할 운동화를 아직 못 샀기

때문이다. 이때 백화점에서는 폐점 시간을 알리는 음악이 흘러나온다. 여러분은 그 음악을 집중해서 들을 수 있을까? 아마 귀에 음악이 들어오지 않을 것이다. 그런데 이들은 왜 이렇게 개폐점 음악에 공을 들이는 것일까?

백화점에서 흘러나오는 음악은 배경 음악, 말 그대로 백그라운드 뮤직background music이다. 콘서트홀의 객석처럼 조용한 분위기의 집중할 수 있는 환경에서 듣는 음악이 아니라는 뜻이다. 그런데도 많은 회사가 마케팅 전략의 하나로 음악을 선택하는 이유는, 우리가 음악을 집중해서 듣지 않는다고 해도 음악이 우리의 뇌와 행동에 영향을 미치기 때문이다. 고객은 방문한 매장에서 흘러나오는 음악을 듣고 멋진 분위기와 고상한 느낌과 편안한 기분을 느끼며, 이러한 정서적 경험은 곧 소비로 이어진다. 음악의 볼륨을 높이거나 박자가 빠른 음악을 선정하는 것만으로도 사람들은 물건을 사고 싶다고 생각하게 되니 이처럼 효과적인 방법이 또 어디 있겠는가.

심리학자들은 어느 정도의 박자에서 사람들이 음식을 빨리 먹는지, 어느 정도 크기의 음악에서 사람들이 유쾌함을 느끼는지 연구한다. 우리가 일상생활에서 흘려듣는 음악조차도 우리의 정서에 영향을 미치기 때문이다. 음악은 음식을 더 맛있게 먹을 수 있게 하고 쇼핑 시간을 더 즐겁게 만들며 일에 좀 더 집중할 수 있게 도와주기도 한다. 음악은 생각보다 더 긴밀하게 우리의 일상에 관여하고 있다.

세상에서 음악이 사라진다면

얼마 전 책을 읽다가 흥미로운 연구 결과에 웃음을 터트린 적이 있다. 진화론적 관점에서 보면 선사 시대에 음악은 짝짓기용으로 쓰였다는 내용이었다. 새들이 짝을 찾을 때 지저귀듯이, 인간도 이성에게 멋져 보이기 위해 음악을 선택했다는 것이다. 인간이 짝을 찾기 위해 지저귀는 모습을 상상하니 웃음이 났다.

진화론적 관점에서는 모든 것이 생존과 번식을 위해 존재한다. 일부 진화론자들은 음악이 인간에게 쓸모없는 것이라고 말하기도 한다. 그들의 관점에서 음악은 언어의 발전 과정 중에 부산물처럼 생성된 것이고, 그러므로 언어가 아닌 음악은 인간의 삶에 부차적인 요소라는 것이다.

세계적인 명성을 자랑하는 인지심리학자 스티븐 핑커는 진화론적 관점에서 음악의 가치를 무시하는 발언을 했다. 그는 저서 《언어본능》에서 언어, 시각, 사회적 추론 능력, 신체 능력과 달리 음악은 세상에서 완전히 사라진다고 해도 사람에게 그다지 큰 영향을 끼치지 않을 거라고 했다. 인간의 삶에서 음악은 중요한 요소가 아니라는 것이다. 정말 그럴까?

만약 음악의 주요 역할이 성적 매력을 발산하는 것이라면 길거리는 악기를 들고 뛰쳐나오거나 노래를 부르는 사람들로 인산 인해여야 한다. 생존 경쟁에 의미가 없는 음악이 현재까지도 도태되지 않고 살아남은 것은 그것이 단순히 짝짓기용이나 언어의 부산물이 아니라는 점을 증명한다.

세상의 어머니들은 배 속의 아이가 평온했으면 하는 마음으로 음악을 듣는다. 아이가 태어나면 자신이 좋아하는 음악을 흥얼거리며 아이를 재운다. 유치원에서는 음악에 맞는 율동을 배우며 신체 활동을 익히고, 초등학교에서는 가사가 있는 노래를 배우면서 정서 활동을 한다.

청소년 시기에는 좋아하는 아이돌 노래를 듣거나 직접 음악 활동을 하며 유대감을 형성한다. 알지도 못하는 사람들과 공연장에서 만나 친구가 되기도 하고 BTS 팬이라는 이유만으로 외국인 친구를 사귀기도 한다. 성인이 되어서 악기를 배우거나 대중음악보다 복잡한 구조의 음악재즈나 클래식 음악 등을 들으며 취미 생활을 발전시키는 사람도 많다. 음악은 인생의 일부이자 그 사람을 대변한다. 사람과 사람 사이를 연결하는 유대감의 요소로 쓰이면서 사회적 결집력을 높이기도 한다. 이처럼 음악이 세상에서 사라진다 해도 아무런 영향력이 없을 거라는 주장을 반박할 증거는 수없이 존재한다.

치유의 힘, 음악

심리 치료는 심리적인 고통을 겪은 사람에게 상담이나 기타 임상 치료로 도움을 줌으로써 병을 치료하는 방법이다. 심리 상담을 할 때 중요한 것은 상담자와 치료자의 대화다. 하지만 대화를 거부하거나 꺼리는 환자도 분명히 있다. 예술 치료는 언어로 하기 힘든 상담 치료를 돕는 역할로, 현대에 많이 쓰이는 치료 방법이다.

음악 치료는 왜 하는 걸까?

현대의 예술 치료는 제2차 세계 대전 이후 급격히 발달했다. 전쟁의 트라우마에 시달리던 사람들은 말을 잃었고, 새로운 치료법이 필요했다. 예술 치료의 한 형태로 발달한 음악 치료는 음악을 도구로 사용해 상담자들의 정신적·신체적 회복을 돕는다. 음악 치료는 상담자가 악기를 직접 연주하는 활동을 통해서 이뤄지기도 하고 다른 사람들과 음악 활동을 함께 하면서 이뤄지기도 한다. 음악을 도구로 한다는 공통점이 있지만, 방법은 다양하다.

음악 치료는 정신적인 문제뿐 아니라 행동 문제, 관계 형성 문제 등 다양한 어려움을 겪는 사람들에게 광범위하게 쓰인다. 특히 상담 치료가 어려운 다운 증후군, 알츠하이머, 기억 상실 환자, 자폐아 치료 및 교육에 활용되고 있다.

한 가지 예로 영국에는 특수 교육이 필요한 아동을 평가해서 알맞은 기관을 찾아주는 치료 기관이 있다. 이곳에서 각 전문가특수교사, 심리학자, 음악 치료사, 언어 치료사 등의 의견을 거쳐 교육 기관으로 보내지는데 대화가 어려운 자폐아나 학대 등으로 언어를 잃은 아이들에게 음악 치료를 권하고 있다. 소아 청소년 정신 의학 학술지 〈Korean J Child & Adol Psychiatr 8:123~132〉에 소개된 찰리의 경우를 살펴보자.

전반적 발달장애PDD를 앓고 있던 찰리는 처음에는 음악 치료를 거부하는 아동이었다. 그러나 찰리가 음악을 좋아하며 특정 소음에 예민하다는 것을 눈여겨본 음악 치료사는 찰리에게 음악 치료를 지속적으로 행했다. 음악 치료사가 다양한 즉흥 연주를 들려주자 찰리는 음악에 조금씩 반응하기 시작했다. 특정 음에 반응하거나 악기를 만지는 행동을 보이기 시작한 찰리는 사람과 눈을 마주치거나 "mama엄마"라는 단어를 말하는 등의 진전을 보였다. 이처럼 음악 치료는, 사람은 누구나 선천적으로 소리에 반응하고 소리로 의사소통이 가능하다는 것을 전제로 한다. 실제로 많은 연구 결과나 사례에서 언어가 아닌 음악으로 의사소통이 가능하다는 것이 증명되기도 했다. 음악 치료는 이처럼 언어로 소통하기 어려운 사람들의 사회성 발달에 도움을 준다.

반면 한국의 음악 치료는 역사가 그리 길지 않다. 한국 전쟁 이후 정신과 의사들이 음악 활동을 활용해 치료를 진행했다는 자료가 존재하고, 1970년대 이후부터는 외국으로 가서 음악 치료를 연구하는 학자들이 생겼다. 한국에서 음악 치료가 본격적으로 행해진 것은 1990년대 이후라고 볼 수 있다. 현재는 일부 대학교의 대학원 과정에 음악치료학과가 개설되었으며 개인 음악 치료 센터를 운영하는 심리치료사가 꾸준히 늘고 있다.

기억 너머의 음악

"아름다운 이 땅에 금수강산에 단군 할아버지가 터 잡으시고 홍익인간 뜻으로 나라 세우니 대대손손 훌륭한 인물도 많아 고구려 세운 동명왕 백제 온조왕 알에서 나온 혁거세 만주 벌판 달려라 광개토 대왕 신라 장군 이사부 백결 선생 떡 방아 삼천 궁녀 의자왕 황산벌의 계백 맞서 싸운 관창 역사는 흐른다."

앞의 가사는 〈한국을 빛낸 100명의 위인들〉이라는 노래 가사의 일부다. 이 노래 하나면 우리는 고조선부터 근대까지 우리나라의 역사를 훑을 수 있다. 이 노래뿐 아니라 지금도 유튜브를 검색하면 수많은 암기송이 줄줄이 나온다. 구구단, 원주율같이 수학 공식을 외우는 노래는 기본이고 나라의 수도를 외우거나 역사 인물을 외우는 데 사용하는 노래도 있다. 외국어를 배울 때 그 나라 노래를 외우기도 한다. 이처럼 지식을 암기할 때 노래를 사용하는 것은 흔한 일이다.

음악이 기억력에 도움이 된다는 점은 치매 환자나 실어증 환자에게 음악 치료를 적극적으로 하는 것을 봐도 잘 알 수 있다. 신경학과 교수이자 의사인 올리버 색스의 저서 《뮤지코필리아》는 그가 음악 치료를 시행한 다양한 환자들의 사례를 담고 있다. 이 책에 나오는 환자인 새뮤얼은 60대 후반에 뇌졸중을 겪으면서 말을 잃었다. 새뮤얼은 언어 치료를 지속적으로 받았지만 진전이 없는 상태였다. 그러던 어느 날, 올리버 색스가 일하던 병원의 언어 치료사가 병원 복도를 지나가다가 새뮤얼이 노래를 부르는 모습을 보게 되었다. 음악 치료를 받고 있던 그룹 환자들의 모습을 보고 새뮤얼이 그들의 노래를 따라 부른 것이었다. 언어 치료사는 매우 놀랐다. 2년간 말을 전혀 못 하던 환자가 노래에 반응했기 때문이다. 이처럼 음악 치료는 일반적인 치료로 효과를 얻지 못하는 환자들에게 극적인 변화를 가져다주기도 한다.

중증 치매 환자가 음악 활동을 하는 사례도 있다. 알츠하이머 때문에 언어 능력도 잃고 주변 사람들조차 알아보지 못하는 환자가 악보를 암기해 피아노를 몇 시간씩 친다는 것이다. 치매 환자인 아내의 이야기를 의사에게 편지로 보낸 남편은 아내가 다른 모든 면에서는 건망증이 심하다고 증언했다. 이런 중증 치매 환자를 음악으로 치료하는 것이 가능한 이유는 모든 기억이 사라진 후에도 음악을 들었을 때의 정서와 기억력은 환자의 뇌에 남아 있기 때문이다.

치매 환자들은 기억을 잃으면서 다른 사람과 상호 작용하는 법도 잃어버린다. 하지만 자신만의 세계에 갇혀 멍하게 있는 치매 환자들에게 친숙한 음악을 들려주면 그들의 얼굴에 표정이 생긴다. 그룹 치료에서는 한두 명이 노래를 부르기 시작하면 다같이 따라 부르는 상황도 종종 나타나는데, 이는 다른 사람과 유대감을 형성하기 힘든 치매 환자들에게 있어서 중요한 반응이다.

이처럼 기억을 잃거나 말을 잃은 환자에게도 정서적 반응을 일으키는 음악의 힘을 무시해서는 안 될 것이다. 듣고 싶은 노래가 있으면 언제든지 손짓 한 번으로 찾아 들을 수 있고, 한마디 말로 음악을 껐다 켰다 할 수 있는 세상에 사는 우리는 음악의 힘을 대단하지 않게 여기기 쉽다. 하지만 우리가 명심해야 할 것은, 기억을 잃은 사람의 기억을 불러일으킬 정도로 음악은 대단한 힘을 가졌다는 것이다. 음악은 우리의 의식이 닿지 않는 기억 너머에도 존재한다.

8시간 30분짜리 자장가

막스 리히터는 현재 클래식 음악계에서 가장 인기 있는 작곡가다. 영화, 드라마, 광고, 발레, 오페라 등 그의 음악이 안 쓰이는 곳이 없다. 그런 그가 2015년, 무려 8시간 반짜리 자장가를 만들었다. 이 곡은 영국 BBC 라디오에서 생방송으로 공연되기도 했는데, 그는 이 곡을 '바쁘게 사느라 만성적인 수면 부족에 시달리는 현대인들의 숙면을 위한 곡'이라고 말했다. 그의 메시지는 간결했다. "현대인이여, 우리는 잠을 잘 자야 합니다!"

현대 사회를 사는 사람들은 다양한 이유로 잠을 이루지 못한다. 바쁘게 일하느라 못 자는 사람도 있고 내일 볼 시험이 걱정되어서 못 자는 사람도 있다. 학자들은 수면 장애의 주요 요인으로 스트레스를 꼽는다. 스트레스와 우울감으로 잠을 제대로 못 자면 피로해지고 불안해지는데, 이는 또다시 극심한 스트레스로 이어진다. 그야말로 악순환 중 악순환이다.

음악은 스트레스를 줄여준다. 편안한 음악을 들으면 스트레스가 발생할 때 분비되는 호르몬인 노르아드레날린의 분비가 억제된다는 것이 과학자들의 연구를 통해 밝혀졌다. 빠르고 간편한 방법을 선호하는 사람들은 수면 장애를 겪을 때 수면제에 의존하기도 한다. 하지만 이 방법은 잘못하면 일상생활이 불가능할 정도의 위험 요소가 된다. 여러분은 부작용이 없으면서 실행하기도 쉬운 방법을 이미 알고 있다. 잠이 잘 오지 않을 땐 편안하고 조용하게 여러분을 달래 줄 플레이리스트를 만들어 보자.

앞서 여러 번 언급했듯이 음악은 사람의 정서를 자극한다. 잃었던 기억을 되살려주고 스트레스를 완화시키며 기분을 좋게 한다. 음악의 쓰임새는 참으로 다양해서 어떤 이는 아이를 즐겁게 하는 놀이 도구로 쓰고 어떤 이는 공부를 위한 암기 도구로 쓰며 또 어떤 이는 환자 치료를 위한 약으로, 어떤 이는 수면유도제로 쓴다. 어쩌면 음악은 우리에게 부작용 없는 최고의 약을 끊임없이 처방해 주고 있는지도 모르겠다. 불면증에 시달리고 있는 독자가 있다면, 오늘 밤엔 막스 리히터의 슬립 음반을 들으며 잠을 청해 보는 게 어떨까?

진로 찾기 **음악 치료사**

음악 치료사는 정신적·신체적 문제가 있는 이들을 음악적인 방법으로 도와주는 사람이다. 음악 치료사는 의료인이 아니다. 이들의 역할은 정신과 전문의의 진단에 맞춰 음악 활동, 음악 감상, 개인 및 그룹 활동 등의 치료 방법을 계획하고 시행하는 것이다. 예를 들어 정신과 전문의가 어떤 환자를 심각한 우울증이라고 진단했다고 하자. 이 환자의 경우 상담을 오래 진행했지만 차도가 없었다. 하지만 음악 듣는 것을 좋아하고 자신이 좋아하는 장르의 음악에 정서적인 반응을 보인다. 이럴 때 의사는 음악 치료를 심리 치료의 한 방법으로 사용한다.

병원에 정규직으로 고용되어 일하는 음악 치료사도 있지만, 여러 병원에 파견을 나가 음악 치료를 진행하는 경우도 있다. 정신과가 아니더라도 음악 치료는 다양한 진료에 사용된다. 음악은 만성 통증을 완화하고 산모의 출산을 돕기 때문에 일반 외과를 비롯해 산부인과, 화상외과 등 거의 대부분의 진료 과정에 활용될 수 있다. 음악 치료는 나이나 질병의 종류와 상관없이 광범위하게 활용할 수 있기 때문이다.

우리나라의 경우 학사 과정에 음악치료학과가 있는 대학은 아직 없다. 그래서 대학에서 음악을 전공하고 이후 대학원 진학을 통해 음악 치료를 배우는 경우가 일반적이다. 음악치료학과가 개설된 국내 대학원은 이화여자대학교와 숙명여자대학교가 있다. 출신 전공이 꼭 음악이 아니어도 음악 치료에 관심이 있다면 음악 치료 대학원에 진학할 수 있다. 여러 악기를 사용해 치료를 진행하기 때문에 악기를 다룰 줄 알면 유리하겠지만 전문적인 수준으로 다룰 필요는 없다. 이외에 사이버 대학이나 대학교 부속 기관에서 교육을 수료하고 음악 치료사 자격증을 취득하는 방법도 있다.

우리나라보다 먼저 음악 치료가 도입된 미국과 유럽에서 음악 치료사는 고소득 직종에 속한다. 한국에서는 아직 많이 알려진 분야가 아니지만 앞으로 발전 가능성이 충분하다. 최근 음악 치료에 대한 사회적 관심이 높아지면서 음악 치료사를 찾는 기관이 많아지고 있다. 학교에서는 사회성 결여나 주의력이 산만한 아동에게 상담 치료의 일환으로 음악 치료를 행하고 있으며 사설 아동 센터에서도 발달이 늦은 어린이들에게 음악 치료 수업을 진행한다. 뿐만 아니라 음악 치료사는 음악 치료의 정서적 효과에 대해 강의를 하거나 신문에 칼럼을 기고하는 등의 다양한 활동을 하기도 한다. 음악을 사랑하고 음악으로 사람을 치유하는 데에 매력을 느낀다면, 음악 치료사라는 직업에 관심을 가져보는 것은 어떨까?

진로찾기 **유아 음악 지도사**

인간의 청각은 어머니 배 속에서부터 발달하기 시작한다. 태어나자마자 가장 먼저 반응을 보이는 감각도 청감각이다. 아이들은 부모의 목소리를 인식하고 갑작스러운 소리에 놀라기도 한다. 음악 교육가들은 영유아 시기의 음악 교육을 매우 중요시한다. 이 시기의 소리에 대한 경험이 결국은 다른 음악 활동에도 영향을 주기 때문이다.

유아들은 복잡한 가사를 이해하거나 넓은 음역의 노래를 부를 수 없다. 따라서 이 시기 아이들의 특성을 잘 파악하고 교육할 수 있는 유아 음악 지도사가 필요한 것이다.

우리나라에서 가장 널리 사용되고 있는 유아 음악 지도 프로그램은 '유리드믹스'와 '오르프 프로그램'이다. 먼저 유리드믹스는 스위스 교육자 에밀 달크로즈가 만든 음악 교육 프로그램이다. 청각은 신체 활동과 함께 할때 그 능력이 향상된다는 신조로, 신체의 움직임을 통해 음악을 경험하고 학습하는 방식을 선보인다. 숙명여자대학교 문화예술 대학원에는 유리드믹스를 전문적으로 공부할 수 있는 학과가 개설되어 있으며, 사설 기관에서 유리드믹스 지도사 자격증을 취득하는 것도 가능하다.

오르프 프로그램은 독일 음악 교육가 카를 오르프가 개발했다. 그는 달크로즈의 영향을 많이 받았지만, 본인만의 교육 철학으로 오르프 프로그램을 발전시켰다. 이 프로그램의 특징은 음악의 가장 기본 요소인 '리듬'을 중심으로 '놀이에 바탕을 둔 교육'을 실행한다는 것이다. 한국 교육에도 엉향을 끼쳤는데, 초등학교 저학년 때 탬버린, 캐스터네츠, 트라이앵글 등 리듬 악기부터 먼저 배우는 것이 그 때문이다. 오르프 프로그램도 사설 기관에서 자격증을 취득할 수 있으며 외국에서 전문적인 코스를 밟는 것도 가능하다.

유아 음악 지도사는 주로 프리랜서로 활동하며 유치원, 초등학교, 문화 센터 등 아이들이 음악 활동을 할 수 있는 곳에서 수업을 진행한다. 유아 음악 프로그램의 경우 영유아 부모들에게 인기가 많은 수업이기 때문에 개인의 능력에 따라 안정적인 수입을 얻는 것이 가능하다.

유아 음악 지도사가 하는 주된 일은 오르프, 유리드믹스 등 음악 프로그램의 기본 내용을 숙지하고 상황에 맞게 실행하는 것이다. 유아 교육 지도사들은 새로운 프로그램을 개발하거나 유아를 위한 악기를 만드는 등 창의적인 수업을 위해 꾸준히 노력한다. 그렇기 때문에 학교 교사나 유치원 선생님이 수업의 질을 높이기 위해 음악 프로그램을 수강하고 자격증을 따기도 한다.

결과적으로 유아 음악 지도사는 아동 교육에 관심이 있고 자기 주도적인 수업 운영을 하고 싶은 창의적 인재에게 적합한 직업이다. 음악과 관련된 학과를 졸업하고 유아 음악 프로그램을 공부한다거나, 사설 기관에서 교육을 받고 자격증을 취득하는 방식으로 유아 음악 지도사의 길을 갈 수 있다.

2장

클래식의
거의 모든 역사

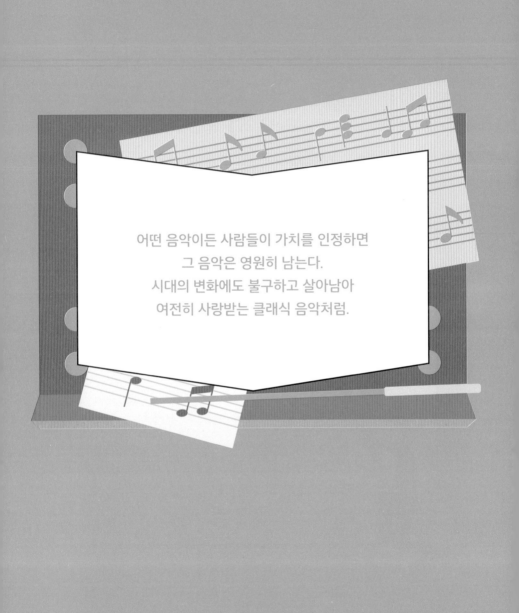

어떤 음악이든 사람들이 가치를 인정하면
그 음악은 영원히 남는다.
시대의 변화에도 불구하고 살아남아
여전히 사랑받는 클래식 음악처럼.

클래식 음악이란?

클래식 음악의 정의는 기준을 어디에 두느냐에 따라 다르다. 지역을 기준으로 나누면 클래식 음악은 서양 음악이다, 시대적 배경으로 보자면 옛날 음악이고 장르를 기준으로 하면 예술 음악이라고 정의할 수 있다.

우리가 흔히 즐겨 듣는 음악을 대중음악이라고 한다. 대중음악은 현재 우리가 살고 있는 사회를 반영하고, 청자가 쉽게 공감할 수 있는 음악이다. 그렇기에 대중음악은 우리와 거리가 가깝다. 지금을 살아가는 우리에게 사랑받고자 만들어진 음악이니 좋아할 수밖에 없다.

반면 클래식 음악은 어떤가. 최소 수백 년 전 음악이다. 지역적으로 나눠도 거리감이 드는 건 마찬가지다. 유럽과 남북 아메리가를 뜻하는 서양의 옛날 음악. 그것이 클래식 음악이라면 동양의 여러 국가 중에서도 작은 나라 한국에 사는 우리와는 왠지 상관없는 음악인 것 같다.

클래식은 영원하다

클래식 음악은 21세기 내내 매번 위기라는 말을 들었다. 현대 클래식 음악의 역사는 위기의 역사라 해도 과언이 아니다. 몇 가지 예를 들어 보자. 19세기 말 라디오가 등장했을 때 클래식 음악계는 긴장했다. 돈을 지불하고 공연장에 와야지만 들을 수 있던 음악을 라디오로 세상에 뿌리면 어쩌란 말인가. 연주자들은 직장을 잃을 것이라 걱정했고 사람들이 공연장을 찾지 않을 거라고 생각했다. 하지만 라디오의 발전은 사람들에게 음악을 좀 더 친숙하게 접할 기회를 주었고 오히려 클래식 음악의 대중화를 앞당겼다.

라디오 방송의 위협을 넘기자 이번엔 음반이라는 악재가 클래식 음악계를 강타했다. 음반을 사면 좋아하는 음악을 무한 반복으로 들을 수 있다. 음반은 실수하지도 않는다. 정확한 음정, 박자, 셈여림으로 무장한 음반은 연주자들에게 부담으로 다가왔다. 사람들이 공연장을 찾지 않을 거로 예측했고 클래식 음악은 사라질 거라는 걱정이 여기저기서 터져 나왔다.

그러나 음반 시장이 LP에서 CD로, 그리고 디지털 음원 시장으로 바뀌는 동안에도 클래식 음악은 살아남았다. 현장 음악과 분명하게 다른 음악 재생 시스템은 쉽고 간편하게 음악을 접할 수 있다는 점 때문에 음악의 대중화를 가져왔고, 음악 교육에도 좋은 도구가 되었다. 수업 시간에 연주 자료를 학생들에게 들려주는 것만으로도 훌륭한 청감각 교육이 되니까 말이다.

클래식 음악은 시대의 변화에도 불구하고 살아남았다. 클래식 음악을 좋아하는 사람들은 자신이 좋아하는 음악을 즐기는 새로운 방법을 터득했다. 직접 공연장을 찾던 사람들이 연주자별 음반을 비교하며 즐기기 시작했다. 이제는 라디오에 사연을 보내거나 자신의 감상평을 개인 SNS에 남기기도 한다.

시간의 흐름에 따라 역사의 뒤안길로 사라지는 것들이 분명 있다. 클래식 음악도 이전보다 즐기는 사람들이 줄어든 게 사실이다. 하지만 어떤 음악이든 사람들이 가치를 인정하면 그 음악은 영원히 남는다.

음악이 경계를 넘으면?

여러분은 '조선팝'이라는 말을 들어 본 적이 있는가? 조선팝은 우리나라 국악과 현대 음악을 접목하여 만든 새로운 음악 장르다. 이 음악은 국악을 좀 더 많은 사람에게 알리고자 하는 젊은 국악인들에 의해 만들어졌다. 신나는 EDM 음악에 요란한 분장을 한 소리꾼이 수궁가 한 소절을 부른다. 또 한쪽에서는 첼로와

가야금을 함께 연주하기도 한다. 이 음악이 처음 등장했을 때 대중은 낯설 수밖에 없었다. 이건 도대체 국악이야? 아님 서양 음악이야?

이런 풍경은 기원전까지 거슬러 올라가는 클래식 음악 역사에서도 흔하다. 예를 들어 보자. 표제 음악이 등장하기 전까지 기악 음악 제목의 표기는 매우 단순했다.

> **표제 음악과 절대 음악**
>
> 표제 음악은 제목과 줄거리에서 곡의 내용을 알 수 있는 음악을, 절대 음악은 음악에 대한 부가적인 설명을 붙이지 않은 음악을 말한다.

'누가 작곡했고, 어떤 형식으로 쓰였으며, 몇 악장으로 구성되어 있다'가 전부였다. 그러다 어느 순간부터 일부 작곡가들이 곡에 글을 쓰기 시작했다. '나는 이 곡을 어떤 동기로 썼다', 또는 '어떤 문학 작품에 영향을 받아 이 곡을 작곡했다'라는 식으로 말이다. 표제 음악은 바로크 시대에도 존재했지만 흔해진 것은 낭만주의 시대 이후다. 기악곡에 표제를 붙이는 것이 대중에게 받아들여지기까지 시간이 필요했던 것이다.

어떤 문화든 새로운 문화가 올 때 처음부터 반갑다고 두 손 벌려 반기는 사람은 많지 않다. 기존 문화에 익숙한 사람들은 변화를 두려워하고 거부한다. 하지만 시간이 지나면 새로운 것에도 익숙해지기 마련이고, 자연스럽게 문화가 섞이다 보면 그것이 또 하나의 주류 문화가 된다.

클래식 음악만 봐도 역사의 흐름이 변하지 않은 적이 없다. 위대한 신을 노래하던 음악이 사람을 위해 노래하기 시작했고, 형식을 중시하던 흐름이 개성을 더욱 중요시하게 되었다. 음악은 역사의 물결에 따라 끊임없이 움직이고 경계를 넘는다.

2020년, 한국관광공사가 한국을 홍보하기 위해 만든 영상에 이날치 밴드의 노래 〈범 내려온다〉가 쓰였다. 이 영상의 서울 편은 현재 5,000만에 가까운 조회수를 기록하고 있다. 어찌 보면 전통이 아닌 음악을 가지고 한국을 소개하는 영상을 만든 것인데 사람들의 반응은 폭발적이었다.

이날치 밴드의 멤버들은 국악과 팝 음악을 접목해 새로운 음악을 만드는 것에 관심이 많다. 국악을 전공했지만 뮤지컬, 대중음악, 영화 음악 등 장르를 가리지 않고 다양한 분야에서 활동한 것이 그들 음악의 원천이 되었을 것이다. 최근에는 이들의 음악이 애플TV 드라마 〈파친코〉2022에 OST로 삽입되었으며, 공연 진행이 어려웠던 코로나19 시기에도 단독 공연을 꾸준히 이어 갔다.

음악은 경계를 넘으며 변화하고 원래의 것과 융화한다. 그리고 발전한다. 새로운 것을 시도하는 음악가 앞에는 언제나 보이지 않는 유리 벽이 존재하지만, 그 벽을 부수고 이겨내면 그들은 새로운 역사를 쓰게 될 것이다. 수십 년 후엔 조선팝의 역사를 필수 과목으로 공부하는 외국인 학생들이 생길지도 모를 일이다.

고대부터 중세까지

음악의 시초는 무엇이고 어디서부터인지 그 누구도 정확히 알지 못한다. 단지 추측만 할 뿐이다. 우리는 수수께끼로 가득한 음악 역사의 현장을 지금부터 살펴볼 것이다. 상상력이 필요한 부분이다. 그럼 처음부터 시작해 보자. 음악은 어떻게 시작되었을까?

음악은 누가 만들었을까?

음악의 기원과 관련해서 학자들은 몇 가지 추측을 했다. 첫 번째는 음악이 감정을 표현하는 수단으로 쓰이기 위해 생겨났다는 설이다. 음악이 우리의 정서에 영향을 준다는 연구 결과는 지금도 많다. 애초에 음악이 만들어진 목적도 감정을 전달하기 위함이었다고 몇몇 학자들은 추측한다.

두 번째는 일의 능률을 위해 자연 발생적으로 생겨났다는 설이다. 선사 시대의 노동 강도는 가히 살인적이었을 것이다. 그때는 모든 것을 사람의 손으로 직접 해야 했기 때문이다. 밥 한 끼먹기 위해 몇 시간 동안 직접 사냥을 나가고 채집을 해야 했다. 그 과정에서 사람들이 노동이 주는 고통을 잊고 일을 즐겁게 하기 위한 노동요의 일종으로 음악을 만들었다는 것이다.

세 번째는 제사 의식의 수단으로 생겨났다는 설이다. 선사 시대에는 여러 가지 제사 의식이 있었는데, 사람들은 바라는 게 있거나 사냥을 나가기 전에 신에게 제사를 지내곤 했다. 이렇게 제사를 지내는 과정에서 음악이 생겨났다는 설이 있다.

이 밖에도 이성을 유혹하기 위한 수단으로 발생했다는 설, 정보 전달의 수단으로 생겨났다는 설, 언어가 만들어지는 과정에서 부산물로 발생했다는 설 등 여러 가설이 있다. 음악의 기원에 대해 이렇게 추측만 난무하는 이유는 자료가 부족하기 때문이다. 어떤 것의 기원을 조사할 때 보통 유물이나 고대 문헌을 분석하는데, 선사 시대에는 악보는 물론이고 그 어떤 청각 자료도 존재하지 않았기 때문에 음악이 정확히 어떻게 시작되었는지 밝혀내기가 어렵다.

고대 음악

고대 음악은 인간이 사회를 구성하기 시작한 이후의 음악을 말한다. 앞서 말한 바와 같이 사람들이 사냥하고 수렵 생활을 하던 시절의 음악은 미지의 영역이다. 그러나 고대 그리스·로마 시대의 음악은 남아 있는 당시의 문헌과 발굴된 유물로 인해 선사 시대보다 비교적 많은 것을 알 수 있다.

그리스·로마 시대의 사람들은 음악을 우리와 다른 관점으로 바라봤다. 그들에게 음악은 우주의 신비를 밝혀 주는 신성한 존재였다. 피타고라스는 음악을 수학적인 방법으로 정의하려고 했고 실제로 이 시대 사람들은 음악이 수학이나 과학과 가까운 분야라고 생각했다.

음악을 수학적으로 정의하려는 움직임 외에도 이 시대의 유명한 철학자들은 음악이 사람에게 미치는 영향이 대단한 것이라고 믿었다. 그럼 그리스 시대 학자들의 음악 이론 몇 가지를 살펴보자.

그리스의 철학자 아리스토텔레스는 음악이 인간의 성품을 도덕적으로 만들어 준다고 생각했다. 이러한 생각은 음악이 교육적으로 매우 중요한 수단이라는 결론에 도달한다. 그는 음악이 정신과 마음 훈련에 매우 중요한 요소라고 생각했다.

그리스의 시인이자 언어학자인 아테네우스는 음악에 따라 인간의 감정이 움직인다고 주장했다. 그는 악기의 음색에 따라 인간의 감정이 각기 다르게 작용하며, 리듬을 다르게 하는 것만으로도 인간의 감정을 조정할 수 있다고 생각했다.

고대 음악은 현재 많이 남아 있지 않다. 그리스 신화에 나오는 〈오레스테스〉 정도가 대표적인 작품이다. 작품이 별로 남지 않은 것은 당시에는 악보의 형태가 완전하지 않았기 때문이다. 이 시대의 연주자들은 작곡가이기도 했는데, 악기를 즉흥적으로 연주하며 곡을 만들었기 때문에 작품이 빨리 사라졌다.

고대 음악은 시간적으로나 지역적으로 우리와 많이 떨어져 있다. 이 시대의 학자들이 보는 음악은 현시대를 사는 우리와 전혀 상관없다는 생각이 들 수도 있다. 하지만 피타고라스의 수학적 비율은 현재 우리가 사용하는 완전 음정을 정의하는 데 사용되었고, 음악이 우리의 감정에 영향을 준다는 사상이나 음악을 교육적인 목적으로 써야 한다는 주장은 현재까지도 유효하다. 고대 음악은 우리가 생각하는 '음악'의 토대가 되었다.

중세 음악

중세 시대만큼 음악을 간단하게 정리할 수 있는 시대도 없을 것이다. 이 시대의 음악은 단 네 글자로 정의할 수 있다. 교. 회. 음. 악. 물론 정의가 간단하다고 해서 음악까지 단순하다는 의미는 아니다.

이 시기의 모든 문화는 교회의 역사와 함께한다. 물론 이때도 왕족과 귀족, 영주 등의 계급이 존재했지만 절대 권력은 교회였다. 교회의 권력이 막강할 때는 교회 음악이 중심이었고 점차로

> **그레고리안 성가**
>
> 중세부터 기독교에서 공식적으로 사용하는 단선율 성가. 오늘날까지도 가톨릭에서 쓰이고 있다. 모든 서양 음악의 기초라고 할 만하다.

교회 세력이 약해지면서부터 다양한 음악이 등장하게 되었다.

우선 교회 음악부터 살펴보자. 교회 음악의 주요 형식은 성가를 부르는 것이다. 여러 종류의 성가일종의 찬송가가 있지만, 그레고리안 성가는 현재까지도 쓰인다. 그레고리안 성가는 이 시기의 모든 단선율 성가를 통칭하는 말이었을 정도로 교회 음악에서 독보적으로 쓰였다.

그레고리안 성가의 특징은 라틴어 가사에 반주가 없는 단선율이라는 것이다. 실제로 들어 보면 선율이 매우 단순한 구조로 되어 있다. 이 시대에는 수녀가 아닌 여성이 교회에 출입하는 것이 금지되었기에 남성들만이 성가를 불렀는데, 그렇다 보니 음의 높낮이가 제한적일 수밖에 없었다.

이 시대의 교회 음악이 중요한 이유 중 하나는 음악을 기록하는 체계, 즉 악보가 생겼다는 것이다. 고대에도 악보를 기록하려는 시도는 있었지만, 사람들이 쓰기에는 너무 어려워 소멸하고 말았다. 교회 음악도 한동안은 악보 없이 선창자가 곡을 불러 주는 방식을 취하며 성가를 연주했다. 하지만 이 방법은 노래를 모두 기억하고 있어야 하기 때문에 정확성이 떨어졌다. 구전되며 불리던 음악은 교회 안에서 기보법을 발명하면서 드디어 악보라는 형태가 생기기 시작했다. 교회에서는 네우마neuma라는 기보법을 사용했다. 정확한 음정을 표시할 수는 없지만 멜로디가 올라가거나 내려가는 정도는 표시할 수 있었다. 교회에서는 또한 교회 선법이라는 것을 썼는데 이것은 지금의 음계다. 교회 선법은 음악을 작곡하는 일종의 규칙이어서, 중세의 교회 음악은 대부분 교회 선법에 따라 작곡되었다.

교회 음악이 현재의 악보 체계에 영향을 주었다면, 로마 교회의 미사는 다성 음악의 발전에 영향을 주었다. 다성 음악이란 여러 개의 선율을 함께 부르는 형태의 음악을 말한다. 미사는 가톨릭교회의 전례 의식인데 이 의식에 사용된 음악이 다성 음악 형태다. 다성 음악은 르네상스 시대의 다악장 구조에 영향을 주었으며 바로크 시대까지 전파되었다가 사라졌다.

막강한 영향력을 자랑했던 교회 세력은 14세기에 들어서면서 점차 붕괴하기 시작한다. 영국과 프랑스 사이에 일어난 백년 전쟁으로 인해 중세 유럽을 묶어 주던 기독교의 힘이 한결 약해진 데다 흑사병의 창궐로 유럽 전역의 3분의 1에 해당하는 인구가 사라졌기 때문이다. 이렇게 어수선한 상황 속에서 성직자 계급 간에 내분이 일어났고, 막강하던 교회의 권력도 쇠퇴에 들어서게 되었다.

교회 세력이 약해지자 음악은 좀 더 다양한 형태로 발전했다. 교회 음악이 아닌 세속 음악이 발달하기 시작한 것이다. 천민 계

중세의 교회 음악인 그레고리안 성가는 네우마라는 독특한 기보법을
사용했다.

급이나 몰락한 귀족 등이 떠돌아다니며 자신의 음악을 퍼트렸다. 라틴어로 되어 있어 알아듣지도 못했던 노래의 가사가 자국어로 바뀌면서 서민들에게 가까이 다가갔다. 이것은 신을 위한 음악이 사람에게 다가가는 전환점이 되었다.

르네상스부터 바로크까지

중세 시대의 음악이 신을 위한 것이었다면, 르네상스 시대의 음악은 인간을 위한 것이었다. 르네상스 시대를 살던 사람들은 십자군 전쟁을 버텨 내며 스스로 부를 쌓아 성공한 현실주의자였다. 이들은 현재를 즐기기를 원했고 아름다움을 추구했다.

이들은 또한 고대 그리스·로마 시대의 사상을 동경했다. 교회가 세상을 지배하기 전의 과학과 철학, 이성, 그리고 눈으로 볼 수 있는 것들을 선호한 것이다. 이것은 인본주의의 시작이었다.

사람을 위한 음악이 시작되다

르네상스를 시작으로 음악은 점점 화려해지고 다양해졌다. 그리고 사람들에게 가까이 다가갔다. 중세 시대의 교회 음악은 일반 시민에게는 제약이 많았다. 알아듣지 못하는 언어로 되어 있는 데다 상징과 신성화로 가득한 음악은 이해하기 어려웠다.

16세기에 일어난 종교 개혁은 음악에도 영향을 미친다. 독일의 마틴 루터는 가톨릭교회의 잘못을 지적하며 종교 개혁을 주도한다. 독일에서 시작한 종교 개혁은 북유럽까지 급속도로 퍼져 나갔다. 루터는 종교 개혁가이기도 했지만 동시에 음악가였다. 그는 예배에서 음악이 중요한 역할을 하도록 독려했으며 라틴어로만 불리던 교회 음악을 자국어로 바꾸는 데 힘썼다. 루터의 이런 활동은 교회를 일부 권력자의 것이 아니라 성도들의 것으로 만드는 데 공헌했다.

종교 개혁이 이뤄지는 동안 한편에서는 세속 음악이 점점 더 발전했다. 중세 시대의 세속 음악이 소규모의 사람들에 의한 것이었다면 르네상스 이후의 세속 음악은 유럽 전역에 급속히 퍼지며 절정을 이루기 시작한다. 르네상스 시대는 클래식 음악이 시민 계급에 다가가는 물꼬를 터준 시기라고 볼 수 있다.

르네상스 음악

르네상스 시대는 보통 15세기부터 16세기 무렵을 말한다. 이 시기는 전반부와 후반부가 조금 다른 양상을 보이는데, 그 배경부터 살펴보자.

르네상스 시대의 가장 큰 특징 중 하나는 음악가라고 불릴 만한 사람이 생겨났다는 것이다. 중세 시대에는 교회를 위해 일하는 수도사가 작곡가이자 연주자인 경우가 많았다. 하지만 르네상스 시대에 들어서면서 본인이 작곡한 악보에 사인하며 자신의 곡을 인정받고 싶어 하는 작곡가가 늘어나기 시작한다.

플랑드르 악파는 15세기 후반 플랑드르 지방을 중심으로 활동한 작곡가들을 일컫는다. 이들은 세속 음악의 선율을 종교 음악에 적극적으로 활용했다. 또한 주요 선율을 창작하기 시작했다. 플랑드르 악파의 대표적인 작곡가는 조스캥, 오케겜, 오브레히트 등이 있다. 이들의 이름이 지금까지 전해질 수 있는 이유는 그들의 이름이 적힌 악보가 남아 있기 때문이다. 르네상스 시대에 인쇄술이 발달함에 따라 작곡가들은 자신의 악보에 서명을 시작했다. 작곡된 음악을 하나의 '작품'으로 여기기 시작한 것도 이 시기부터라고 볼 수 있다.

16세기는 15세기 음악 작풍과 굉장히 다른 양상을 띤다. 16세기의 유럽은 혼돈의 시기였다. 네모난 줄 알았던 지구가 둥글다는 충격적인 사실이 밝혀졌으며 크리스토퍼 콜럼버스는 신대륙을 발견했다. 유럽에만 갇혀 있던 사람들은 '세계'라는 것을 처음 알게 되었다. 모든 문화가 급속도로 팽창하기 시작한 것이다.

음악에서도 장르가 다양해지는데, 중세 시대에는 교회 음악 성격상 성악이 중심이었던 반면 르네상스 시대에는 악기에 대한 관심이 높아지기 시작했다. 이는 사회가 팽창함에 따라 음악의 용도가 다양해졌기 때문이다. 종교 행사뿐 아니라 사교 모임이나 유흥의 자리에서도 음악이 연주되었다.

기악 음악은 기존의 성악 음악 멜로디를 악기로 연주하거나 연주자가 즉흥적인 연주를 하면서 발전해 나갔다. 16세기 이전에는 성악이 주요 선율을 담당하는 것이 당연한 일이었지만 16세기 이후에는 노래 없이도 악기가 주요 선율을 연주하는 것이 어색하지 않게 되었다.

바로크 음악

바로크는 '찌그러진 진주'라는 뜻의 포르투갈어에서 유래되었다. 바로크 시대로 들어오면서 예술 양식은 극도로 화려해지는데, 르네상스 시대의 정제된 미를 추구하던 사람들은 이처럼 화려한 바로크 양식이 과장된 것이라며, 비꼬는 의미에서 '찌그러진 진주'라는 호칭을 붙인 것이다.

바로크 시대는 르네상스 시대의 잔재와 새로운 바로크 양식이 공존했다. 르네상스 시대의 양식을 따르는 것을 제1기법이라고 하고 새로운 양식을 쓰는 것을 제2기법이라고 하는데 이것을 통틀어 '이원론'이라고 한다. 제1기법은 음악을 가사보다 중요시하는 기법이고 제2기법은 선율을 강조하면서 가사를 음악보다 중요시하는 새로운 형태의 기법이었다.

이 밖에도 다양한 감정을 세밀하게 표현하는 감정이론이나 베

베르사유 궁전의 거울의 방은 극도로 화려한 바로크 시대의 예술 양식을 잘 보여 준다.

이스 가장 낮은 성부 성부에 숫자를 붙여 화성을 제시하는 바스콘티누오 통주저음는 바로크 시대 음악의 특징이라고 할 수 있다. 하지만 이렇게 생소한 음악 양식들보다 우리에게 친숙한 바로크 시대의 음악가가 있다. 바로 바흐다.

음악사에서 바로크 시대란 보통 17~18세기 사이의 기간을 말한다. 모든 시대를 칼같이 나누는 건 불가능하고, 한 시대가 끝났다고 해서 이전 시대의 문화가 완전히 사라지는 것도 아니다. 하지만 바로크 시대는 바흐라는 음악가의 사망 시점을 기준으로 시대를 나눴다는 특징이 있다.

요한 제바스티안 바흐는 독일 작곡가로, 지금까지도 무수히 많은 클래식 음악가들의 존경을 받는 인물이다. 클래식 연주자들은 일생에 반드시 한 번은 그의 곡을 제대로 연주하고 싶어 한다. 바흐는 독일 라이프치히에 속한 교회 음악가로서 평생 교회를 위해 일했으며, 수많은 곡을 만들었다. 그의 작품이 현재까지도 많이 남아 있는 이유는 생전에 기악곡, 성악곡 할 거 없이 수백에 달하는 곡을 만들어냈기 때문이다. 많이 썼으니 많이 남을 수밖에. 하지만 그보다 더 놀라운 것은 그 많은 곡들이 기복 없이 모두 훌륭하다는 것이다.

바로크 시대에는 바흐 말고도 우리가 알만한 작곡가들이 많다. 헨델, 비발디, 쿠프랭, 라모, 륄리 등이 이에 속한다. 이들이 새로운 양식을 창조하거나 자신만의 장르를 만든 것은 아니다. 하지만 이전에 만들어진 음악 양식들을 다듬고 견고하게 하는 역할을 했다. 바로크 시대 이전에도 음악을 만드는 사람은 있었지만, 우리가 한 번쯤 들어 본 작곡가가 나타난 시기는 바로크 시대 이후부터라고 말할 수 있다.

고전주의부터 낭만주의까지

18세기에 들어서고 시민 계급의 경제력이 성장하면서 계몽 운동이 유럽 전역에서 일어났다. 산업의 발전은 중산층의 힘을 키웠고 교회 권력자, 귀족 등 일부 특권층에 귀속되어 있던 시민들은 자신의 목소리를 내기 시작했다. 우리에게도 익숙한 칸트, 루소, 몽테스키외, 볼테르 등의 철학자들이 등장한 시점도 이때다. 이들은 자유와 평등을 외쳤고 귀족과 교회의 부패를 비난하는 발언을 서슴지 않았다. 시민의 힘이 세지자 음악도 시민에게로 더욱 다가갔다.

이 시기의 음악은 기악 음악이 주류를 이루었다. 독주 악기를 위한 협주곡 형식, 다악장 구조의 소나타 형식 등이 나타났다. 그뿐만 아니라 악기 연주법에 관한 연구가 활발히 일어났고 정기적인 음악 간행물이 발간되기 시작했다. 대중이 즐길 수 있는 음악회도 자주 열렸다. 그야말로 클래식 음악의 전성기라 해도 과언이 아니다.

형식이냐 개성이냐 그것이 문제로다

반면 19세기의 낭만주의 음악 사조는 분류하기가 매우 어렵다. 개인의 개성이 뚜렷해지는 시점이라 작곡가마다 스타일이 다 다르기 때문이다. 이는 사회 현상과 매우 밀접하게 연관되어 있다. 낭만주의는 보통 19세기부터 20세기 초까지를 말하는데, 이 시기 과학 기술의 발달은 산업화를 더욱 가속화했고, 그에 따라 새로운 이념과 경제 체제가 출현했다.

이성과 감성, 과학과 종교, 자본주의와 사회주의 같은 여러 사고방식이 대립을 이루었다. 이러한 대립으로 국가 간에 많은 전쟁이 일어났고, 사람들은 전쟁이라는 폭력을 목격하며 인간성의 회복을 외치기 시작했다. 인간성에 대한 욕구는 개개인의 자유를 중요시하는 분위기로 이어졌다. 이러한 분위기에서 예술가들은 자신만의 개성을 부각하는 데 더욱 집중하기 시작했고, 음악가들도 예외는 아니었다. 멘델스존, 비제, 드보르자크, 그리그, 드뷔시, 시벨리우스 등 음악 교과서에 등장하는 수많은 작곡가가 이시기에 활동했다.

소나타, 교향곡, 서곡 등 여러 음악 형식이 확립된 고전주의 음악과 작곡가의 개성을 중시한 낭만주의 시대의 음악은 전혀 다른 부류 같지만 앞서 언급한 모든 시대는 이전 시대의 영향에서 벗어날 수 없다.

고전주의 음악

바로크 시대는 거대하고 과장되고 화려한 것을 선호한 시대였다. 그러나 이런 양식이 지속되자 사람들은 피로해졌고, 간결하면서도 자연스러운 것에 관심을 두기 시작했다. 이러한 변화가 반영된 것이 고전주의 음악이다. 고전주의 시대 역시 전반부와 후반부로 나눌 수 있는데 전기에는 바흐의 아들 카를 필리프 에마뉴엘 바흐와 요한 크리스티안 바흐가 활동했다. 전기 고전주의 시대의 음악은 프랑스와 이탈리아를 중심으로 발전했다. 지금 클래식 음악 공연에 자주 등장하는 소나타, 교향곡, 협주곡 등의 기악곡이 이 시기에 형식을 갖추게 된다.

후기 고전주의에는 우리에게 익숙한 빈악파가 등장한다. 빈악파는 하이든, 모차르트, 베토벤을 가리키는 말이다. 오스트리아 빈이 음악의 도시로 급성장하면서 빈을 중심으로 활동한 이 3명의 작곡자를 후대 사람들은 빈악파라고 부르게 되었다.

18세기 후반에는 음악가들이 다양한 활동을 하면서 돈을 벌었다. 공연을 열거나 귀족들에게 음악을 가르치기도 했고, 왕족이나 교회로부터 작곡 의뢰를 받기도 했다. 이 시기에는 작곡가들을 후원하는 부류가 두 부류로 나뉘었다. 앞서 모든 시대에도 존재했던 귀족, 왕족, 교회 권력자 등 특권층 후원자, 그리고 일반 대중이었다.

프란츠 요제프 하이든은 헝가리의 귀족 가문인 에스테르하지 가문의 후원을 지속적으로 받았고 대중에게도 인기가 많았던 작곡가였다. 하이든은 1790년에 에스테르하지 궁전에서 퇴직하고 연주 여행을 다니며 대중과 가까워졌다. 그는 교향곡 공연을 선호했다. 후대 사람들이 그에게 '교향곡의 아버지'라는 별명을 지어 준 것도 이와 연관이 있을 것이다.

하이든과 모차르트는 친분이 두터웠다. 하지만 둘의 삶은 매우 대조적이다. 하이든이 귀족에게 후원을 받으며 풍족한 생활을 했던 반면 모차르트는 그 누구의 후원도 제대로 받지 못한 채 궁핍한 삶을 이어 갔다. 그렇다고 해서 모차르트의 음악이 훌륭하지 않다는 것은 아니다. 여러분도 알다시피 모차르트는 어렸을 때부터 음악적 재능을 보인 신동이었다.

볼프강 아마데우스 모차르트는 아버지에게 어렸을 때부터 혹독한 음악 교육을 받았고 6살 때부터 자신의 실력을 뽐내며 연주 여행을 다녔다. 그는 기악곡뿐 아니라 오페라에서도 뛰어난 재능을 보였는데, 오페라 역사에 한 획을 그었다고 봐도 과장이 아니다. 그 유명한 〈마술피리〉, 〈돈 조반니〉, 〈피가로의 결혼〉 등이 그의 오페라 작품이다.

빈악파의 마지막 인물인 베토벤에 대해 알아보자. 베토벤의 작품 세계는 전반부와 후반부로 나눌 수 있다. 전반부는 하이든과 모차르트의 영향을 받아 고전주의 음악에 가깝고 후반부는 낭만주의 시대가 도래함을 알리듯 낭만주의 음악 느낌이 강하다. 이 때문에 고전주의 시대의 종결을 베토벤의 죽음을 기점으로 나누는 경우가 많다.

루드비히 판 베토벤은 생전에 이름을 날렸던, 몇 안 되는 클래식 음악가 중 한 명이었다. 많은 부를 누리며 안정적인 창작 생활을 하던 도중 그는 청력을 잃어 가는 병을 앓게 된다. 청력이 점점 떨어질수록 그는 죽음까지 생각할 정도의 깊은 우울감에 빠진다. 하지만 끝내 극복하고 다시 창작의 길로 들어선다. 물론 청력 상실로 성격이 괴팍해져 주변 사람들을 잃었지만 말이다. 아이러니하게도 이런 고난의 시기에 베토벤의 대표 작품들이 만들어졌다. 그중에는 〈영웅 교향곡〉이라고도 불리는 〈교향곡 3번〉, 〈운명 교향곡〉이라고도 불리는 〈교향곡 5번〉 등이 있다.

> **소나타와 소나타 형식**
>
> 소나타는 바로크 시대에 나타나기 시작해 고전주의 시대에 완성된 다악장의 기악곡을 말한다. 소나타 형식은 제시부, 전개부, 재현부 3부 구조로 된 음악 형식을 말한다. 주로 소나타 1악장에 쓰이는 음악 형식이다.

낭만주의 음악

낭만주의 시대 이전의 음악가들은 대부분 후원자에게 소속되었다. 그들은 후원자의 요구에 맞는 곡을 만들어야 했고, 후원이 있어야지만 안정된 생활을 할 수 있었다. 그래서 음악가들은 자신을 후원해 줄 후원자를 찾아 연주 여행을 다니기도 했다. 모차르트가 6살 때부터 유럽 전역을 돌아다니며 연주 여행을 한 이유 중 하나도 바로 이 때문이었다. 그러나 앞서 보았듯이 역사의 흐름에 따라 청중은 일부 특권층에서 대중으로 점차 바뀌었다.

19세기에 들어서면서 시민의 힘은 점점 더 커졌다. 봉건 사회의 구속에서 벗어난 이들은 문화를 소비하는 것에 눈뜨기 시작했다. 음악회를 즐기고 악기를 배우고 친구들과 작은 모임을 만들어 음악을 주제로 토론했다. 이러한 흐름은 음악가들이 작품을 만드는 방법에 변화를 불러왔다.

낭만주의 시대 이전에 음악가는 그 시대에 유행하는 음악 형식을 바탕으로 작곡을 했다. 그래서 그 시기의 곡들은 작곡가만의 개성을 찾기가 어렵다. 개성보다 곡의 형식이 더 우위에 있었기 때문이다. 하지만 낭만주의 시대부터는 양상이 달라진다. 대중의 힘이 커졌다는 것은 음악가들에게 자유 경쟁의 시기가 도래했다는 뜻이었다. 음악가들은 자신의 존재를 대중에게 각인할 한 방이 필요했다. 그렇다. 낭만주의 시대는 곧 개성의 시대였다.

이 시기에는 음악을 전문으로 가르치는 음악 학교가 생겼고,

음악을 비평하기 시작했다. 음악을 비평한다는 것은 그만큼 대중을 위한 음악회가 많다는 것을 의미한다. 연주자들의 기량은 날로 발전했고, 뛰어난 연주자들의 실력에 맞춰 악기가 개량되었다.

이 시기에 활동한 음악가들은 그 수가 워낙 많아 일일이 열거할 수는 없지만, 클래식 음악을 한 번쯤 들어 보고 싶다면 추천할 만한 대표적인 작곡가들이 있다. 우선 피아노 음악부터 살펴보자. 이 시기의 피아노 음악이라고 하면 알아 둬야 할 작곡가는 바로 쇼팽과 리스트다.

프레데리크 프랑수아 쇼팽의 작품 대부분은 피아노를 위한 곡이다. 2개의 피아노 협주곡, 27개의 연습곡, 3개의 피아노 소나타 등 피아니스트라면 쇼팽의 연주곡은 한 번쯤 거쳐야 할 과제일 것이다.

프란츠 리스트는 지금으로 치면 클래식 음악계의 아이돌이었다. 어려운 테크닉을 구사하는 것을 즐겼던 리스트는 연주회마다 진정한 비르투오소가 무엇인지 보여 줬다고 전해진다. 그뿐만 아니라 큰 키에 마른 체구 그리고 하얀 피부를 자랑한 리스트의 외모는 슈만, 쇼팽 등 당대의 음악가들로부터 부러움을 사기도 했다. 그의 공연에는 실신하는 여성 관객들이 넘쳐날 정도였다.

비르투오소 virtuoso

연주 실력이 매우 뛰어난 연주자를 지칭하는 말로, 주로 화려한 테크닉을 구사하는 연주자를 비르투오소라고 부른다.

한 사람이 독창하거나 독주하는 음악회인 리사이틀의 시초는 리스트의 공연이었다는 기록이 있다. 이는 리스트가 생전에 혼자서도 충분히 관객을 동원할 수 있는 인기 스타였던 것을 증명한다.

리스트와 쇼팽의 작품은 어렵기로 유명하다. 연주자였던 본인부터 어려운 테크닉을 구사하는 걸 즐겼고 그런 성향이 그들의 피아노 작품에 고스란히 담겼다. 피아노를 전공하는 학생들 사이에 농담처럼 하는 말이 있는데, 피아노를 어렵게 만든 두 명의 원흉이 바로 쇼팽과 리스트라는 것이다. 이 둘은 생전에 서로의 음악을 존경하며 친분을 쌓았다. 리스트가 쇼팽 친구의 부인을 유혹하기 전까진 말이다.

이제 성악 분야로 넘어가 보자. 이 시대에 눈여겨봐야 할 것은 예술가곡이 발달한 것이다. 예술가곡은 문학성이 높은 시에 피아노 반주를 붙인 가곡을 말한다. 이 분야에서 알아 둬야 할 음악가는 슈베르트다. 프란츠 슈베르트는 피아노 선율을 단순히 성악의 반주로 쓰지 않고 독자적인 분야로 발전시킨다. 그래서 그의 피아노 반주는 피아노가 성악을 대신해서 노래하는 듯하다. 〈마왕〉, 〈아름다운 물방앗간의 아가씨〉, 〈겨울 나그네〉 등의 가곡은 현재까지도 많은 사랑을 받고 있다.

이 밖에도 〈호두까기 인형〉, 〈백조의 호수〉 등 아름다운 발레 음악을 작곡한 차이콥스키, 전 세계적으로 영화와 드라마에 제

Im Concertsaale!

뛰어난 연주 실력에 수려한 외모까지 갖췄던 리스트의 공연에는 실신하는 여성 관객들이 넘쳐났다.

일 많이 등장한 곡이라고 알려진 〈달빛〉을 작곡한 드뷔시, 오페라 하면 떠오르는 로시니와 베르디 등 낭만주의 시대는 클래식 음악에 관심이 있는 사람이라면 한 번쯤 들어 봤을 만한 음악가들로 가득한, 그야말로 클래식 음악의 춘추전국 시대라고 볼 수 있다.

현대 음악

20세기는 전쟁의 시대라고 해도 과언이 아니다. 제1차 세계 대전은 1914년 보스니아의 수도인 사라예보에서 오스트리아의 황태자 부부가 암살당한 것이 계기가 되어 일어났다. 전쟁은 4년간 지속되었고 다이너마이트, 기관총, 탱크, 잠수함, 독가스 등의 대량 살상 무기가 쓰이면서 약 1,000만 명의 사망자와 2,000만 명에 가까운 부상자를 냈다.

시대를 반영하는 거울

전후 유럽은 그야말로 혼돈의 카오스였다. 강대국 간의 정치 대립은 더욱 심해졌고 물가는 하늘 높은 줄 모르고 치솟았다. 정치, 사회, 경제 뭐 하나 빠질 것 없이 빠르게 변화했다. 제1차 세계 대전이 끝나고 제2차 세계 대전이 발발하기 전까지 짧은 호황기가 있었지만, 스쳐 가듯 잠깐이었다.

이 혼란의 시기에 예술가들은 언제나 그랬듯 시대의 모습을 본인의 작품에 반영했다. 누군가는 예술가의 예민함이 시대를 반영하는 거울이라고도 한다. 미술에서는 초현실주의, 추상주의, 다다이즘, 표현주의 등 다양한 사조가 나타났다. 당시 작품들을 보면 전쟁이 일어날 것을 예상하기라도 하듯 분위기가 음울하며, 기존의 전통을 철저히 깨트린 것들이 많다.

이 시기의 음악가들은 앞선 세대의 음악을 거부했다. 특히 낭만주의 음악 특유의 문학적 감성과 화성 등을 완전히 뒤엎는 과격한 실험을 계속했다. 서양 음악의 기본적인 틀을 거부한 것이다. 이들이 수학자라고 치면 "나는 공식대로 푸는 걸 거부한다!"라고 선언한 거나 다름없다.

이들은 마치 반항아들 같다. 클래식 음악이라면 이래야 한다고 믿어 왔던 박자, 리듬, 화성 등 음악의 틀을 전부 뒤엎는다. 시간이 갈수록 이들은 이것이 음악인가 아닌가에 대한 논의가 생길 정도로 더욱 과격해졌다. 동시에 다른 한쪽에서는 예전으로 돌아가자는 움직임도 있었다. 원래의 것을 거부하는 부류와 그것에 반감을 품고 원래대로 돌아가자는 부류가 공존했다. 그리고 이러한 양상은 그들도 인식하지 못하는 사이에 '음악의 다양성'이라는 시대의 성향을 완성했다.

현대 음악은 왜 어렵게 느껴질까?

현대 음악을 가르치는 일은 선생님한테도 쉽지 않다. 정해진 형식이나 규칙을 거부하는 이들의 음악은 박자도 화성도 불규칙한 정체불명의 존재로 다가올 때가 많다. 현대 음악 작곡가들은 왜 이렇게 어렵게 곡을 쓰는 걸까?

클래식 음악사에서 현대 음악이란 낭만주의 시대 이후 음악을 뜻한다. 여러분은 어쩌면 헷갈릴지도 모르겠다. 지금으로부터 100년 전의 음악이 현대 음악이라니. '현대'라는 단어의 뜻이 '우리가 지금 살고 있는 이 시대'인데 말이다. 그래서 일부 학자들은 '근대 음악'이라고 부르기도 한다.

하지만 클래식 음악사에서 말하는 '현대'는 '지금 현재'라는 뜻으로 쓰인 것이 아니다. 낭만주의 시대 이후 클래식 음악의 틀에서 벗어난 음악들을 통틀어서 '현대 음악'이라고 부르는 것이다.

'현대'라는 말이 붙은 예술은 미술이든 무용이든 음악이든 이해하기가 어렵다. 변기에 사인만 해놓고 작품이라고 하질 않나뒤상의 〈샘〉, 춤을 추다가 얼굴에 붉은 페인트칠안은미의 〈조상님께 바치는 춤〉을 하기도 한다. 이런 작품을 처음 보는 사람들은 아마 속으로 이렇게 생각할 것이다. '도대체 뭐 하는 짓이지?'

낭만주의 시대의 예술가들이 각자의 개성을 찾기 위해 고군분투했다면 20세기 이후 예술가들은 각자의 개성과 더불어 작품마다 심오한 의미를 담는다. 하나의 작품을 온전히 이해하려면 그 작품을 둘러싼 배경지식도 알아야 한다.

현대 음악을 듣는 사람에게는 두 가지 선택지가 있다. 작품을 자세히 조사하거나 작품을 접했을 때 자신의 정서 반응을 살펴보는 것이다. 고등학교 음악 교과서에 실린 아놀드 쇤베르크의 〈달에 홀린 피에로〉를 들어 보자. 이 곡은 1912년에 초연된 작품으로, 벨기에 시인 알베르 지로가 쓴 시에 쇤베르크가 곡을 붙인 것이다. 쇤베르크는 50편의 시 중 21편을 선택해 곡을 붙였는데 조성이 없는 음악이다 보니 처음 듣는 사람은 어색하고 불편한 기분이 들 수도 있다. 불안, 욕망, 강박, 폭력 등 인간이 숨기고자 하는 감정들을 음악으로 표현하다 보니 청자도 불편한 기분이 들 수밖에 없다.

여러분은 여기서 한 가지 질문을 던져 볼 수 있다. "이 사람은 곡을 도대체 왜 이렇게 음산하게 만든 거지?" 여러분은 이 질문을 시작으로 쇤베르크가 생존했던 당시의 사회상을 알아볼 수도 있고, 그와 교류했던 예술계 사람들을 조사해 볼 수도 있다. 그리고 이 곡의 직접적인 영감의 대상인 알베르트 지로의 시를 분석할 수도 있다. 또는 다양한 소리를 민감하게 느껴 보는 방법도 있다. 음악 감상의 목적은 소리를 듣는 경험을 통해 다양한 미적 체험을 하는 것이기 때문이다.

현대 음악을 만드는 음악가들은 자신의 곡을 듣는 사람이 느끼는 감정이 혐오나 우울감, 고통 등의 부정적인 것일지라도 수

용한다. 대부분의 예술가는 작품을 관객에게 선보이는 순간 이미 자신의 것이 아니라고 여기기 때문이다.

현대 음악이라고 해서 모든 작품이 대중에게 어려운 것은 아니다. 21세기의 클래식 음악가들은 작곡의 범위가 넓다. 그들은 과거의 형식에도 능통하고 현대의 실험적인 방식에도 열려 있다. 대중이 느끼기에 편안하고 안정적인 선율을 사용할 수도 있고 다소 어렵지만 자신만의 의미를 담은 작품을 만들 수도 있다는 뜻이다. 21세기는 음악을 듣는 사람과 만드는 사람 모두에게 다양한 선택지를 준다.

진로찾기 **음악 학자**

볼프강 아마데우스 모차르트의 아버지인 레오폴드 모차르트가 작곡한 〈장난감 교향곡〉이라는 작품이 있다. 이 곡은 상당 기간 하이든이 작곡한 곡으로 알려져 있었다. 왜냐하면 이 곡이 작곡된 시기가 하이든이 활발히 활동했던 시기였고 하이든이 장난감 가게 앞에서 목격되었다는 기록이 존재했기 때문이다. 하지만 〈장난감 교향곡〉이 레오폴드 모차르트가 작곡한 곡이란 사실을 음악 학자들이 나중에 밝혀냄으로써 이 곡의 작곡가는 하이든에서 레오폴드 모차르트로 수정되었다.

음악 학자는 음악과 관련된 여러 학문을 연구하는 사람이다. 위의 예처럼 음악사를 연구해 잘못 알려진 사실을 정정하거나, 오래된 악보를 발굴하고 보존하는 일도 한다. 대부분의 음악 학자는 음악 학교나 대학교에서 학생들을 가르치며 음악에 대한 연구를 지속한다. 이처럼 음악 학자는 학문적인 일을 한다.

그렇다 보니 음악 학자는 한 가지 주제를 가지고 오래 연구한다. 위의 경우를 예로 들어 보면, 음악사를 연구하던 음악 학자는 궁금했을 것이다. 그들은 '하이든이 장난감 가게 앞에서 목격되었다는 기록이, 그가 〈장난감 교향곡〉을 작곡했다는 근거라고 말할 수 있을까?'라고 질문하기 시작한다. 그 후 악보 자료를 찾고 시대적 배경을 연구하고 기타 역사적 자료를 분석한다. 이렇게 학문적인 지식을 바탕으로 새로운 사실들을 찾아내고 연구하는 것이다.

음악과 관련된 학문의 주제는 날로 확장되고 있다. 요즘에는 기존의 음악사, 미학, 음악 이론 등의 전통적인 연구 주제 외에도 심리학, 뇌과학 등 과학 분야와의 융합 연구도 활발히 진행되고 있기 때문이다. 연구 분야가 다양해지는 만큼 음악 학자의 활동 범위도 넓어졌는데, 방송 매체에 자문 위원으로 나간다든지, 대중을 위한 인문학 강연 등 사람들에게 클래식 음악을 소개하는 일을 하기도 한다.

음악 학자의 역할은 정보가 넘치는 현대 사회에서 더욱 중요해졌다. 검색 한 번이면 뭐든 쉽게 찾을 수 있기에 대중은 오히려 잘못된 정보에 쉽게 노출된다. 그러므로 오랜 기간 연구에 정진한 이들의 조언은 앞으로도 우리 사회에 중요한 영향을 미칠 것이라 예상된다.

음악 평론가는 말 그대로 음악을 전문적으로 평론하는 사람이다. 이들은 음반이나 음악 공연에 대한 평론을 쓴다. 그뿐만 아니라 방송 매체에 출연해 음악에 대해 설명하거나 콘서트 프로그램을 소개하는 역할을 하기도 한다.

음악 평론이 본격적으로 발전한 것은 19세기 낭만주의 시대 이후부터다. 낭만주의 시대는 개성이 강한 음악가들이 출현하는 시기였고, 이러한 시대 분위기와 맞물려 새로운 음악을 설명해 줄 사람이 필요했다.

20세기 이후에는 음반 산업이 발달하면서 평론가의 역할이 더욱 커졌다. 낭만주의 시대에 공연장의 음악을 대중에게 알리던 한정적인 역할에서 벗어나, 잡지에 사설을 기고한다든지 음반에 추천사를 쓰는 등 좀 더 넓은 영역에서 활동하게 되었다.

한국의 평론가들은 주로 신문사나 잡지사에서 일을 시작하는 경우가 많다. 신문사의 문화부 기자로 활동하며 음악 평론을 한다거나 음악 전문 월간지에 글을 쓰는 것이다. 글 쓰는 일이 주요 업무이기 때문에 글쓰기와 관련된 학과나 미학, 종교학 등 예술을 철학적인 관점에서 논할 수 있는 학과를 전공하는 것이 유리할 수 있겠다. 과거에는 신문사에서 작가를 뽑는 연간 행사인 신춘문예를 통해 평론가로 등단하는 경우도 있었다.

예전에는 이른바 지식층이라고 불리던 사람들이 음악 평론을 했지만 21세기에는 이 양상이 확연히 달라졌다. 평론가가 될 수 있는 문이 넓어진 것이다. 주요 신문사에서 행해지는 신춘문예에서 음악 평론 부문은 없어졌지만, 인터넷 신문사나 잡지사 또는 지역 신문사 등에 기고하는 방식으로 등단할 수 있다. 또는 개인 블로그나 유튜브를 통해 음악 평론을 하는 사람들도 많아졌으며, 이를 통해 경제적인 수익을 얻기도 한다.

3장

소리가 모여
음악이 되기까지

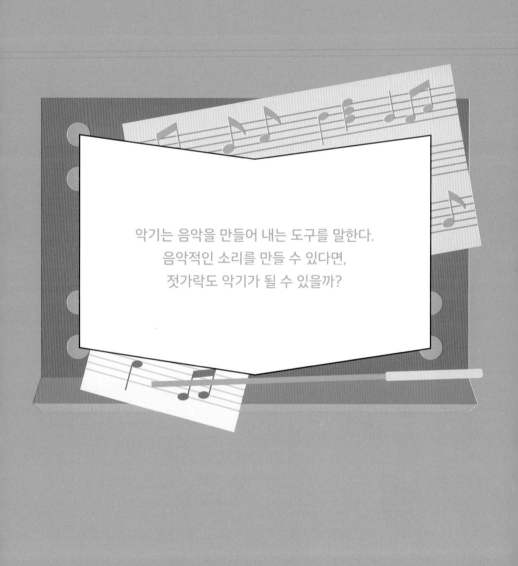

악기는 음악을 만들어 내는 도구를 말한다.
음악적인 소리를 만들 수 있다면,
젓가락도 악기가 될 수 있을까?

악기의 목소리, 음색

집 안을 잘 살펴보자. 굴러다니는 리코더, 단소 또는 실로폰이 보이는가? 여러분은 생각보다 악기와 일찍 만났다. 유아 시절의 장난감을 보면 악기 형태를 가진 것이 많다. 버튼을 누르면 노래가 나오는 장난감은 아기들에게 인기가 많다. 여러 번 눌러도 똑같은 소리만 나는데 아기들은 질리지도 않는지 누르고 또 누른다. 어쩌면 인간은 태어날 때부터 악기와 친구가 될 준비가 되어 있는지도 모른다.

젓가락도 악기가 될 수 있을까?

악기는 음악을 만들어 내는 도구를 통틀어 이르는 말이다. 음악적인 소리를 낼 수 있다면 그 어떤 기구라도 악기가 될 수 있다.

실제로 사운드를 만드는 음악 감독은 자신이 원하는 소리를 위해 직접 악기를 만들기도 한다. 음악 감독이 만드는 악기라서 거창할 거라고 생각할 필요는 없다. 그들은 자신이 원하는 소리를 내는 도구라면 밥 먹는 젓가락을 구부려서라도 악기를 만드는 사람들이다. 하지만 우리는 이곳에서 '일반적인 악기의 형태를 제대로 갖춘 것'만 이야기할 것이다.

일반적인 악기의 기준은 무엇일까? 여기에선 적어도 100년 이상 개량되고 발전되어 온 악기들을 기준으로 한다. 현악기 중에는 바이올린, 첼로, 비올라 등이 그렇고 관악기는 플루트, 오보에, 호른, 트럼펫 등이 그렇다. 여기에 더해서 건반 악기와 컴퓨터 프로그램을 기반으로 하는 가상 악기까지 다뤄 볼 것이다. 현악기와 관악기는 오케스트라에서 사용되는 악기를 기준으로 하고 건반 악기는 피아노를 중심으로 설명할 것이다.

클래식 음악에 관심 있는 사람이라면 마음속으로 이런 생각을 할지도 모르겠다. '타악기는 왜 빼는 거지? 오케스트라에 타악기도 있잖아?' 타악기의 경우 오케스트라에서 쓰이는 것만 해도 수십 가지가 넘는 데다 연주 방법으로 나눠도 드럼처럼 두드려서 소리를 내는 것, 심벌즈처럼 두 개의 도구를 맞부딪쳐 소리를 내는 것, 칼림바처럼 튕겨서 소리를 내는 것 등이 있다. 종류도 다양하고 연주 방법도 다양한 타악기의 영역은 범위가 광대하기 때문에 이 책에서는 생략하기로 한다.

현악기

현악기는 말 그대로 현을 사용해서 소리를 내는 악기다. 현악기는 연주하는 방법에 따라 찰현악기와 발현악기로 나뉜다. 찰현악기는 활을 이용해 줄을 문질러 소리를 내는 악기를 말한다. 대표적으로 바이올린, 첼로, 비올라, 콘트라베이스가 있다. 이 네 가지 악기는 크기만 다를 뿐 구조는 거의 같다. 바이올린부터 살펴보자.

바이올린은 최소 500년 전에 만들어졌다. 길이는 약 60센티미터로 4개의 선, 줄감개, 지판, f자 구멍, 브릿지 등으로 이루어진다. 바이올린군群이라고 불리는 바이올린, 비올라, 첼로, 콘트라베이스는 다 이와 같은 구조다. 바이올린의 4개 현은 솔, 레, 라, 미의 음정을 가지고 있다. 이 4개의 현을 손가락으로 잡아서 음정을 조정하는데, 잡는 간격에 따라 음정이 달라진다. 왼손으로 현을 누르고 오른손으로 활을 잡고 현 위에 올려 마찰하는 방법으로 소리를 낸다.

몸통 길이가 약 70센티미터인 비올라는 도, 솔, 레, 라의 현을 가지고 있다. 바이올린과 크기가 많이 차이 나지 않기 때문에 멀리서 보면 구분을 못하는 경우도 종종 있다. 첼로의 길이는 약 120센티미터이며 바이올린이나 비올라와는 달리 악기를 두 다리 사이에 끼우고 연주한다. 비올라보다 1옥타브 낮은 도, 솔, 레, 라의 현을 가지고 있다. 콘트라베이스는 바이올린군 악기 중 가

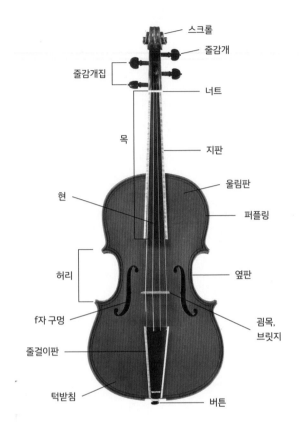

스크롤

줄감개

줄감개집

너트

목

지판

현

울림판

퍼플링

허리

옆판

f자 구멍

괴목,
브릿지

줄걸이판

턱받침

버튼

바이올린의 구조

장 큰 악기로, 길이만 2미터에 가깝다. 악기가 크기 때문에 서서 연주하거나 연주자가 높은 의자에 앉아 연주한다. 콘트라베이스는 미, 라, 레, 솔의 4개 현을 가지고 있다.

발현악기는 현을 튕겨서 소리를 내는 악기를 뜻한다. 하프는 오케스트라에서 쓰이는 유일한 발현악기로, 역사가 무려 3,000년 이상을 거슬러 올라간다. 고대 유적에서 하프와 비슷한 형태의 악기들이 발견되는 것으로 보아 그 시대 사람들도 하프와 비슷한 형태의 악기를 사용했을 것으로 추정된다. 하프는 손으로 현을 튕기고 발로 페달을 옮겨 밟으며 연주하는 악기다. 현은 총 47개로 구성되고 페달은 7개다. 오케스트라에서 연주되는 하프는 무게는 40킬로그램 이상에 길이는 약 180센티미터나 된다. 페달이 없는 하프의 경우 무릎에 올려놓을 수 있을 정도로 작은 소형 하프도 있다.

관악기

오케스트라에서 쓰이는 관악기는 목관 악기와 금관 악기로 나뉜다. 관악기는 입으로 불어서 내부의 관을 진동시켜 소리를 내는 악기 종류의 총칭이다. 그렇다면 목관과 금관의 차이는 뭘까? 바로 악기를 만드는 재료의 차이다. 나무를 재료로 쓰는 플루트, 오보에, 클라리넷, 바순을 목관 악기라고 하고 금속으로 만들어진 트럼펫, 호른, 튜바, 트롬본을 금관 악기라고 한다.

플루트는 재료가 금속인데 왜 목관 악기로 분류하는지 의아한 사람들이 있을 것이다. 현재 우리가 쓰는 플루트는 금속으로 만들어지지만, 원래 재료는 나무였다. 수백 년간 개량되는 과정에서 재료가 나무에서 금속으로 바뀐 것이다.

그럼 목관 악기부터 살펴보자. 목관 악기는 리드를 쓰는 악기와 쓰지 않는 악기가 있다. 리드란 목관 악기에서 소리를 내기 위해 입구에 연결하는 얇은 판이다. 보통 나무로 만들지만 다른 재료로 만들어진 리드도 있다.

클라리넷은 리드를 하나만 사용하는 목관 악기다. 클라리넷의 특징은 이조 악기라는 것인데, 악보에 나타난 음과 실제로 나는 소리가 다른 악기를 이조 악기라고 부른다. 예를 들어 클라리넷이 악보에 있는 '레'를 연주하면 '도' 소리가 난다. 그래서 클라리넷과 플루트가 함께 연주하면 같은 곡을 연주하더라도 둘의 악보는 다르다.

리드를 2개 쓰는 악기는 겹리드 악기라고 한다. 리드 2개를 겹쳐서 쓰기 때문이다. 겹리드를 사용하는 목관 악기는 오보에와 바순이 있다. 오보에는 오케스트라에서 음정의 기준을 잡는 역할을 한다. 앞에서 설명한 표준 음높이 440Hz의 소리를 오보에가 내는 것이다. 오케스트라가 연주를 시작하기 전에 오보에가 440Hz에 해당하는 '라' 소리를 내는데 이는 오보에가 음정 변화가 적은 악기이기 때문이다.

바순은 목관 악기 중에서 가장 음역대가 낮고, 크기도 가장 크다. 다른 목관 악기에 비해 대중적이진 않지만, 중저음의 소리가 매력적인 악기다.

플루트는 위의 악기들과 달리 리드를 사용하지 않고 악기에 곧바로 바람을 불어 넣어 소리를 낸다. 러시아 작곡가 세르게이 프로코피예프는 그가 작곡한 〈피터와

> **세르게이 프로코피예프**
>
> 소련 시기 러시아를 대표하는 작곡가이자 21세기 현재 대중적으로 가장 유명한 근대 작곡가 중 한 명이다. 그의 음악은 대중성과 혁신성을 동시에 갖춰서 현재에도 자주 연주되고 있다.

늑대〉라는 곡에서 가장 고음역을 내는 악기로 플루트를 사용했다.

금관 악기 중에 가장 높은 음역을 소화하는 악기는 트럼펫이다. 오케스트라 안에서도 존재감이 강렬하다. 행사의 시작을 알리는 팡파르에 자주 사용된다.

트롬본은 U자형 관을 앞뒤로 조정하며 연주한다. 금관 악기 중에서는 중저음역을 담당한다. 트롬본은 과거에 트럼펫과 비슷한 구조의 악기였으나 나중에 악기가 개량되면서 슬라이드라고 불리는 U자형 관이 덧붙여졌다.

튜바는 금관 악기 중 가장 저음역을 담당하고 있다. 작곡가들에게 특히 사랑을 많이 받은 이 악기는 낭만주의 시대 작곡가 엑토르 베를리오즈에 의해 처음 오케스트라에 등장했다.

마지막으로 호른이다. 호른은 금관 악기 중에서 가장 음역이 넓어서 낮은음부터 높은음까지 소화할 수 있다. 재밌는 점은, 호른은 분명 금관 악기인데 목관 5중주에 포함된다는 것이다. 이것은 호른 특유의 부드러운 음색이 목관 악기와 잘 어울리기 때문이다.

건반 악기

건반 악기라고 하면 누구나 가장 먼저 피아노를 떠올릴 것이다. 우리에게 가장 친숙한 악기이기 때문이다. 피아노는 1700년경에 이탈리아 메디치 가문의 악기 제작자 바르톨로메오 크리스토포리가 만들었다. 메디치 가문은 15~17세기 이탈리아 피렌체에서 막대한 권력과 영향력을 행사했던 귀족 가문이며 동시대의 여러 예술가를 후원한 것으로도 잘 알려져 있다.

현대의 피아노는 88개의 건반, 댐퍼, 해머, 페달, 프레임 등으로 구성되어 있는데, 건반을 누르면 건반마다 달린 해머가 현을 때리면서 소리가 나는 구조다. 크리스토포리가 피아노를 만들었을 때만 해도 피아노의 건반은 50여 개 정도였다. 그러나 시간이 지나면서 건반의 수도 늘어났다.

피아노의 역사는 수많은 클래식 음악가의 역사와 함께한다고 해도 과언이 아니다. 피아노가 처음 세상에 등장했을 때 호기심 많은 음악가는 당연히 피아노라는 악기에 흥미를 가졌다. 피아노는 바로크 시대부터 널리 보급되었는데, 바흐도 피아노를 처음 쳐보고는 큰 만족감을 드러냈다는 기록이 있다.

고전 시대에 들어와서는 피아노가 빠른 속도로 개량되었다. 이 시대 인기 작곡가였던 베토벤은 여러 대의 피아노를 가지고 있었는데 그중 일부는 피아노 제작자에게 선물로 받은 것이었다. 런던의 피아노 제작사 존 브로드우드 앤 선즈로부터 받은 피아노는 베토벤이 죽고 난 후 리스트가 연주하기도 했다. 고전 시대를 거쳐 낭만주의 시대로 오면서 피아노의 건반 수는 점점 늘어났고, 쇼팽이 치던 피아노는 현대 피아노와 비슷한 건반 수를 가지고 있었다.

잘 알려지진 않았지만 피아노 이전에도 건반 악기는 존재했다. 대표적인 악기로 쳄발로와 클라비코드가 있다. 쳄발로는 현을 퉁겨서 소리를 내는 구조의 악기인데, 강약의 조절이 불가능하다는 치명적인 단점이 있다. 클라비코드는 탄젠트라고 불리는 놋쇠 막대가 현을 밀어 올리며 소리를 내는 건반 악기인데, 현을 밀어 올려 소리를 내다 보니 소리에 떨림을 주는 비브라토 연주가 가능하다.

예전에 우연한 기회에 쳄발로 연주를 본 적이 있다. 그때 연주를 보면서 들었던 생각은, 쳄발로라는 악기가 참 예민하다는 거였다. 연주자는 연주가 끝나도 악기 옆을 쉽게 떠나지 못했다. 연주자 말로는 현이 너무 약하기 때문에 연주하다가 끊기는 경우도 종종 있다고 했다. 그리고 쉬는 시간에 조율하지 않으면 음정이 변한다고도 했다. 주먹으로 내리쳐도 멀쩡한 피아노를 연주할 수 있는 이 시대의 사람들은 축복받은 것일지도 모른다.

가상 악기

가상 악기란 말 그대로 이 세상에 없는 악기, 가상 현실 속의 악기다. 가상 악기를 설명하기 전에 먼저 전자 악기의 역사부터 살펴봐야 한다. 전자 악기의 발전 과정이 자연스럽게 가상 악기의 등장으로 이어지기 때문이다.

전자 악기는 20세기 초부터 사용되기 시작했는데, 전기를 사용해서 쓰는 악기, 전기로 소리를 증폭해 사용하는 악기, 전파로 소리를 만들어 내는 악기 등을 통틀어 말한다. 전자 드럼, 런치 패드, 신디사이저, 테레민, 옹드 마르트노 등 종류도 매우 다양하다. 새로운 전자 기기들이 쏟아지는 20세기에 전자 악기가 등장한 것은 어쩌면 필연적인 일이었을 것이다. 음악가들은 새로운 물건에서 발생하는 새로운 소리에 언제나 목말라 있기 때문이다.

그럼 전자 악기에 대해 본격적으로 알아보자. 첫 번째는 테레민이다. 이 악기는 1919년 레온 테레민이란 물리학자가 발명했는데, 테레민을 보면 악기라는 생각을 쉽사리 하지 못한다. 전자 기기에 가깝게 생겼기 때문이다. 연주법도 독특하다. 안테나와 손의 간격에 따라 소리가 달라지기 때문에 허공에서 손짓하듯이 연주한다. 또한 테레민은 음정을 조정하기가 매우 까다롭다. 음이 많이 흔들리고 음산한 분위기를 내기 때문에 스릴러 영화에 자주 등장한다. 악기의 소리를 제대로 느끼고 싶은 사람들은 영국의 밴드 포티스헤드Portishead의 〈Humming〉을 들어 보기를 권한다.

다음으로 옹드 마르트노라는 악기를 소개하고자 한다. 악기 이름은 테레민과 마찬가지로 발명자의 이름을 따서 지었다. 프랑스의 전자공학자 겸 첼리스트인 모리스 마르트노는 본인의 독특한 경력만큼이나 재밌는 옹드 마르트노를 발명했다. 이 악기는 겉보기에는 건반 악기처럼 보이지만 건반 아래에 하나의 현이 존재한다. 현에 달린 루반이라는 링을 끼고 오른손을 왔다 갔다 하면서 소리를 낸다. 물론 위에 있는 건반도 사용할 수 있다. 건반 악기도 아니고 현악기도 아닌 것이, 모양만으로는 악기의 종류를 규정하기 어렵다. 건반 왼쪽 아래에는 서랍이 있는데 이것은 음색을 결정하는 투세라는 버튼이다. 투세를 왼손으로 누르고 오른손으로는 건반을 치거나 루반을 움직여 연주한다.

이제 신디사이저에 대해 알아볼 차례다. 신디사이저는 앞의 두 악기와 성격이 조금 다르다. 테레민과 옹드 마르트노가 전자음을 내는 악기라면, 신디사이저는 소리를 합성하는 합성기다. 1956년 미국의 전자 기업 RCA에서 개발된 모델을 기초로 해 현재까지 지속적으로 발전했다. 처음에는 진공관을 사용한 소리 합성기였다. 건반이 없고 소리를 내는 과정이 복잡했지만 지금은 건반 악기 형태로 자리 잡아 간편하게 연주할 수 있다. 버튼만 누르면 악기에 내장된 다양한 소리를 사용할 수 있는 것이 특징이다. 여러 소리를 합성해 새로운 소리를 만들기도 한다. 예를 들면 현악기 소리와 피아노 소리를 합성한 소리를 구현할 수 있다.

그렇다면 가상 악기는 어떻게 나온 것일까? 가상 악기는 음악을 제작할 수 있는 프로그램에 내장된 악기 소리를 말한다. 클래식 음악 작곡가들은 오선지 위에 악보를 하나하나 손으로 그려서 곡을 만들었지만, 이 시대의 음악가들은 컴퓨터 키보드로 음악을 창조한다.

현재 많은 창작자가 쓰는 대표적인 음악 제작 소프트웨어는 큐 베이스Cubase와 로직 프로Logic pro다. 큐 베이스의 운영 체제는 윈도우Windows고 로직 프로는 맥macOS이다. 이들 프로그램은 소리를 편집하고 녹음하며 합성까지 할 수 있다. 컴퓨터 하나로 오케스트라의 모든 소리를 불러올 수 있으며 심지어 이 세계에는 존재하지 않는 수백 개의 가상 악기 소리도 내장되어 있다.

과거의 음악가들은 자신의 머릿속에 떠다니는 멜로디를 종이에 적고 연주자들을 초빙해야 했지만, 현재의 음악가들은 컴퓨터 속의 악기들을 선택해 소리를 재생하기만 하면 된다. 머릿속의 소리를 현실로 만드는 데 걸리는 시간이 훨씬 단축된 것이다.

현재 음악을 만드는 방식은 과거와 비교해 확연히 달라졌다.

모두 달라서 음악이 된다

미국의 심리학자 폴 에크만은 인간의 기본 감정을 분노, 두려움, 슬픔, 기쁨, 혐오, 놀람이라고 보았다. 이것은 인간의 표정과 감정 상태의 연관성을 연구한 결과다. 우리는 음악을 듣는 일에 있어서 보통 두려움이나 슬픔, 혐오 등의 부정적인 반응을 원하지 않는다. 대부분 휴식을 취하거나 위로를 받는 등의 긍정적인 효과를 기대하며 음악을 듣는다. 하지만 의도하지 않았다 하더라도 우리는 가끔 음악을 듣다가 예상치 못한 감정과 마주하게 된다.

개성이라는 이름의 연주자

나는 음악을 듣다가 예상치 못한 공포와 두려움을 마주한 적이 있다. 글렌 굴드라는 피아니스트의 음악을 들었을 때의 일이었다. 그의 〈골드베르크 변주곡〉은 클래식 음악 애호가라면 꼭 들어 봐야 할 명반으로 꼽힌다. 하지만 나는 이 음반을 듣고 무섭다는 감정을 느꼈다. 그의 연주가 너무 완벽해서였을까? 아니다. 그의 음반에서 출처를 알 수 없는 목소리가 들려왔기 때문이다. 알고 보니 그 목소리는 바로 멜로디를 흥얼거리는 굴드의 목소리였다. 피아노 소리에 가려 희미하게 들리는 바람에 더욱 귀신 목소리 같았다. 피아노 음반에서 연주자의 목소리가 들린다는 것은 당시에는 상상조차 할 수 없는 일이었다.

글렌 굴드는 캐나다 출신의 피아니스트로, 많은 사람에게 칭송받았던 20세기 거장이다. 생존 당시 기이한 행동으로 인해 사람들의 이목을 끌었지만 정작 자신은 사람들에게 관심받는 것을 싫어했다고 알려진다. 그는 피아노를 치면서 노래를 부르거나 발을 구르는 등의 기묘한 행동을 해서 피아노계의 '괴짜'라는 별명도 얻었다. 자신을 사랑하는 청중을 '가학적인 욕망이 있는 사람들'이라고 표현하면서도 다양한 활동을 하며 사람들 앞에 끊임없이 나섰다. 이 종잡을 수 없는 연주자를 여러분은 어떻게 생각하는가?

연주자의 사전적 의미는 '악기를 다루어 곡을 표현하는 사람'이지만, 같은 악기로 같은 악보를 보고 연주한다 해도 각자의 개성이 다르므로 표현되는 것도 다를 수밖에 없다. 특히나 현대 음악은 더욱 그렇다.

글렌 굴드라는 괴짜 피아니스트가 나타나기 전에는, 피아노를 치면서 흥얼거리는 소리까지 녹음해서 음반으로 낸다는 걸 상상하지 못했을 것이다. 클래식 음악의 청취에는 일종의 격식이 있다고 여겨졌기 때문이다.

연주자들은 종종 사람들의 인식을 깨부순다. 도도 솔솔 라라 솔. 모차르트의 〈작은 별 변주곡〉이 대충 이런 곡이라고 생각할 때 우리의 뒤통수를 사정없이 때리는 것이 바로 연주자들이다. 우리가 지긋지긋하게 들었던 곡도 새롭게 만드는 사람. 본인만의 개성으로 음악에 숨을 불어넣는 사람. 연주자는 그렇기에 모두가 내력적이나.

음치도 성악가가 될 수 있을까?

음치와 성악가라는 직업은 전혀 어울리지 않는 것 같다. 노래 실력이 훌륭해야 성악가가 될 수 있다는 것이 일반적인 생각이니 말이다. 그런데 음치 성악가라 불리는 사람이 역사적으로 존재한다. 그녀의 이름은 플로렌스 포스터 젠킨스. 음치와 성악가, 성질이 너무나도 다른 이 두 단어가 어떻게 연결되었던 것일까?

젠킨스는 1868년 미국에서 태어났다. 부유한 집의 외동딸로 자라 부족할 것 없는 생활을 하던 그녀의 유일한 소원은 음악가가 되는 것이었다. 하지만 그녀의 아버지는 완강하게 반대했고, 그녀는 16살 연상의 남성과 함께 사랑의 도피를 한다.

젠킨스는 함께 가출했던 남성과의 짧은 결혼 생활을 끝내고 피아노 레슨을 하며 생계를 유지했다. 열악한 상황 속에서도 그녀의 음악 사랑은 대단했다고 전해진다. 이후 젠킨스는 아버지가 사망하면서 남긴 많은 유산을 물려받게 되는데, 그녀는 이 재산으로 성악 레슨을 받는다. 그리고 1912년, 첫 리사이틀을 열며 본격적인 성악가로서의 활동을 시작한다. 그때 그녀 나이 44세였다.

처음에는 뉴욕 사교계의 작은 무대에서 초청받은 사람들 앞에서만 노래를 불렀다. 그러나 점점 그녀에 대한 소문이 퍼지면서 대중의 호기심을 자극했다. 그도 그럴 것이 그녀가 부르는 곡들은 상당히 어려운 곡들이었는데, 놀라울 정도로 못 불러서 폭소를 터트리게 된다는 소문이 자자했기 때문이다. 그녀는 피아노 실력이 수준급이었지만 노래를 부르기만 하면 박자를 맞추지 못했다. 음정은 맞는 것보다 안 맞는 음이 더 많을 정도였다.

그녀가 노래를 못 부르면 못 부를수록 사람들의 관심은 커져만 갔다. 그녀는 결국 요청에 못 이겨 1944년 카네기 홀에서 공연을 열게 되었다. 입장권이 매진되자 표를 구하지 못한 2,000여 명의 사람들이 카네기 홀 밖에서 진을 쳤다고 하니 그녀를 향한 대중의 관심과 호기심이 얼마나 대단했는지 상상할 수 있을 것이다.

그러나 이렇게 큰 관심에도 불구하고 공연 자체에 대한 비평은 비아냥에 가까울 정도로 냉혹했다. 카네기 홀은 미국의 철강 부호 앤드류 카네기의 기부로 지어진 공연장인데, 과거나 지금이나 세계적으로 유명한 음악가들만이 연주회를 할 수 있는 곳이다. 그런 곳에서 공연하는 사람이라면 마땅히 갖춰야 할 '실력'이란 게 젠킨스에게는 없었다. 그녀는 카네기 홀에서의 공연이 끝나고 이틀 만에 심근경색으로 쓰러져서 한 달 후에 사망했다. 그녀 나이 76세였다.

젠킨스에 대한 평가는 여전히 다양하다. 성악가라고 부르는비록 앞에 음치라는 명사가 붙지만 사람도 있지만, 그저 아마추어 가수일 뿐이라고 일축하는 사람도 있다. 부유한 집안 환경으로 인해 세상 물정을 몰랐다는 의견도 있고 음악을 사랑하는 마음이 정신병 수준이어서 자신의 실력을 과대평가했다고 해석하는 사람도 있다.

내가 그녀의 목소리를 처음 들은 것은 클래식 음악을 전문적으로 방송하는 공영 라디오 방송 프로그램에서였다. 국내외의 유명한 연주자들이 초빙되어 연주하고, 클래식 음악에 대해 다양한 이야기를 나누는 방송에서 그녀의 목소리를 듣는 건 매우 충격적이었다. '이런 사람이 정말 성악가란 말이야? 도대체 방송국 사람들은 생각이 있는 거야?'라는 생각이 절로 드는 목소리였다. 하지만 그녀는 정식으로 음반도 냈고음반이 인기가 있어 재발매도 되었다, 공연도 여러 차례 했으며, 전 세계 음악인이 서고 싶어 하는 카네기 홀 무대에도 올랐다. 심지어 그녀의 생애를 다룬 영화도 있다〈플로렌스〉2016.

역사상 가장 유명한 음악가들이 공연했던 뉴욕 카네기
홀에서, 조금 다른 의미로 유명했던 젠킨스가 성악 공연
을 열었다.

나는 아직도 그녀가 음치인지 성악가인지 정의하기 어렵다. 그녀가 성악가로 생활한 33년은 결코 짧은 세월이 아니다. 과대망상이었을지언정 그녀가 음악을 위해 오랜 시간 쏟아부은 노력과 정성을 쉽게 무시할 수 없다. 음악가가 되는 것이 평생의 유일한 소원이었던 그녀가 무대 위에서는 행복했길 바랄 뿐이다.

음악가의 직업 정체성

음악가. 이 직업은 참 재밌다. 직업을 설명하는 글에서 '재미'라는 단어가 적절한가 싶지만 아무리 생각해도 '재미'만큼 이 직업을 잘 설명해 주는 단어도 없는 것 같다.

직업이란 생계를 위해 자신의 능력과 시간 등을 일정 기간 쏟아 대가를 얻는 일을 말한다. 하지만 역사를 돌아보면 음악가는 대가를 얻지 못하더라도 음악과 관련된 많은 일을 했다.

클래식 음악가들은 대부분 직업이 여러 개였다. 음악의 아버지라고 불리는 바흐는 뛰어난 오르가니스트인 동시에 지휘자 그리고 작곡가였다. 체코 작곡가 레오시 야나체크는 작곡가, 음악 교사, 음악 이론가, 민속음악 학자 등의 일을 했다. 지금은 야나체크가 작곡가로서 많이 소개되고 있지만 사실 그의 작품은 그가 살아 있을 때는 크게 인정받지 못했다.

그뿐만이 아니다. 평생 돈 버는 일을 멀리한 음악가도 있다. 슈베르트는 귀족의 자녀들에게 음악 과외를 하거나 교사로 일한 적이 있긴 하지만 인생의 대부분은 친구들의 후원으로 생활했다. 직업이 대가를 받고 일하는 것이라면 슈베르트는 평생 백수였다고 말할 수 있을 것이다.

음악가는 음악을 하기 위해 다른 여러 가지 일을 한다. 연주, 창작, 교육 등 평생에 걸쳐 부지런히 다양한 일을 하지만 그것이 꼭 성공과 연결되는 것은 아니다. 생전에 많은 부를 누리고 인기를 얻은 음악가도 있지만 사후 몇백 년이 지나고 나서야 인정을 받게 된 음악가도 많다.

음악이란 추상 예술이어서 눈에 보이지도 않을뿐더러 정답도 없다. 무조건 노력한다고 사람들의 마음을 살 수 있는 것도 아니고 실력이 좋다고 해서 최고의 자리에 오르는 것도 아니다. 이렇게 종잡을 수 없는 일을 사랑하는 사람들이 수 세기에 걸쳐 계속 존재하는 것도 어쩌면 신기한 일이다.

내가 음악가라는 직업이 재밌다고 앞서 말한 것은 이와 연관이 있다. 슈베르트는 슈베르티아데Schubertiade라는 모임을 만들어 자신의 음악을 사람들과 공유하는 것을 즐겼다. 야나체크는 민속 음악을 평생 연구하여 체코 음악사에 이바지했으며 바흐는 평생 교회 음악에 헌신하며 성직자에 가까운 삶을 살았다. 이들 모두 사회적으로 큰 명성을 얻거나 부를 이룬 사람들은 아니다. 하지만 음악을 통해 자신이 추구하는 이상을 각자의 방법으로 이룬 사람들이다. 직업은 노력을 통해 대가를 얻는 일인데 음악가들의 대가는 공통적으로 눈에 보이는 것이 아니라는 게 참 재미있다.

현대의 음악가도 많은 일을 한다. 쇼팽 국제 피아노 콩쿠르에서 한국인 최초로 우승한 피아니스트 조성진은 평창 예술제에 지휘자로 나섰다. 차이콥스키 국제 콩쿠르 2위 입상에 빛나는 피아니스트 손열음은 《하노버에서 온 음악 편지》라는 제목의 클래식 음악 칼럼집을 출간하기도 했다. 이런 여러 가지 일이 모두 생계를 위한 일일까? 이쯤 되면 음악가들에겐 직업 선택의 기준이 생계유지와는 상당히 거리가 있어 보인다.

음악가의 직업 정체성은 어쩌면 그냥 '음악'일지도 모르겠다. 모두 다른 방식으로 음악을 하지만 그 모든 것이 의미가 있다. 음악 활동을 하며 자신의 이상을 향해 다가가는 것이 음악가의 일이 아닐까.

음악으로 소통하고 싶다면

현재를 사는 우리는 음악을 듣는 일이 어렵다고 생각하지 않는다. 버튼만 누르면 노래가 재생되는 기계들 속에 살고 있기 때문이다. 간단한 검색만 하면 원하는 음악을 금세 찾을 수 있다. 공부할 때 듣는 음악, 비가 올 때 듣는 음악, 카페에서 듣는 음악, 벚꽃 필 때 듣는 음악 등 시간과 장소, 기분에 딱 맞는 플레이리스트를 클릭 한 번이면 재생할 수 있다.

음악이 우리에게 오기까지

그럼 과거에는 음악을 어떻게 즐겼을까? 약 200년 전으로 돌아가 보자. 작은 방에 피아노 치는 남자가 보이고 그 주변으로 사람들이 가득하다. 피아노를 치고 있는 사람은 슈베르트고 방 안에 있는 사람들은 슈베르티아데 모임의 회원들이다.

　슈베르트는 회원들을 위해 오선지에 한 음 한 음 써 내려간 음악을 피아노로 연주한다. 반주에 맞춰 노래를 부르는 사람도 있고 악기를 연주하는 사람도 있다. 작은 연주회가 끝나면 각자 느낀 바를 자기만의 방법으로 표현한다. 어떤 사람은 음악에 대해 비평하기도 하고 어떤 사람은 춤을 추기도 한다. 또 어떤 사람은 음악에 어울리는 시를 써서 멜로디에 붙여 보기도 한다.

　슈베르티아데는 슈베르트의 음악을 듣고 즐기는 모임이었다. 이 모임은 사교 모임이었지만, 돈이 많거나 직업이 좋다고 해서 가입할 자격이 주어지는 건 아니었다. 슈베르트가 정한 기준이 하나 있었기 때문이다. 슈베르트는 가입을 원하는 사람에게 이 질문을 꼭 했다고 한다.

　"당신은 무엇을 할 수 있습니까?"

　슈베르트는 자신의 음악을 진지하게 들어 줄 친구들이 필요했다. 모임의 회원들은 슈베르트의 음악을 듣고 토론하고 비평했으며 새로운 창작물을 내놓기도 했다. 지금과는 달리 과거엔 아무나 음악을 누릴 수 없었다. 왕족이나 귀족 또는 부유한 중산층에게만 허락되었고 가난한 서민은 즐길 수 없었다. 그래서 음악을 만드는 사람뿐만 아니라 듣는 사람의 소양도 중요했다. 음악을 즐긴다는 것은 일종의 특권이자 자기 능력을 증명하는 일이었기 때문이다.

지금은 어떤가? 원하면 언제든지 음악을 들을 수 있다. 과거와는 비교도 안 되게 편한 방식으로 말이다. 셀 수 없이 많은 노래가 있으므로 우리는 몇 초 듣다가 별로면 바로 다음 곡을 재생한다. 우리는 음악을 쉽게 즐기고 쉽게 소비한다.

그러나 듣는 것이 쉬워졌다고 해서 만드는 것까지 쉬워진 건 아니다. 여러분은 하나의 음악이 우리에게 오기까지의 과정을 생각해 본 적이 있는가? 버튼만 누르면 재생되는 음악의 홍수 속에 사는 우리는 음악이 만들어지는 과정을 간과할 때가 많다. 과거나 현재나 하나의 음악이 우리에게 오기까지는 수많은 손길과 과정이 필요하다. 음악을 만드는 사람, 그것을 연주하는 사람, 음악을 녹음하고 판매하는 사람, 음원을 여러 플랫폼에 올리는 사람, 그리고 사람들의 기호에 맞춰 플레이리스트를 구성하는 사람 등이 있다. 음악을 듣는 방법은 편해졌지만, 음악이 우리에게 오기까지는 여전히 많은 사람의 수고가 있다는 점을 알아야 할 것이다.

음악이라는 언어를 배우는 일

음악을 듣는 일은 어쩌면 매우 단순하고 직관적이다. 우리는 운동할 때 좀 더 힘을 내고 싶거나 등하교 시간에 지루함을 이겨내기 위해 음악을 듣는다. 즉, 기분을 전환하기 위해 음악을 듣는 것이다. 그렇기 때문에 '음악을 배운다'는 것은 어쩌면 너무 수고 스럽다는 생각이 들지도 모르겠다. 즐기면 되는 걸, 왜 굳이 배워 야 하는지 의문이 들 것이다.

음악을 배우는 일은 외국어를 배우는 것과 비슷하다. 외국어를 유창하게 하지 못한다고 해서 생활하는 데 특별히 불편한 점은 없다. 단지 언어를 앎으로써 얻을 수 있는 경험과 기회를 놓칠 뿐 이다.

이탈리아로 여행을 갔다고 상상해 보자. 이탈리아어를 하나도 못해도 우리는 여행을 즐길 수 있다. 눈앞에 펼쳐진 아름다운 풍 경, 눈부신 태양, 이국적인 분위기에 가슴이 두근거린다. 하지만 여러분은 좀 더 편하고 즐겁게 여행하는 방법을 하나 놓치고 있 다. 그것은 바로 이탈리아 사람들과 이야기해 보는 것이다. 현지 사람들과 대화를 나눠 보면 여러 가지 유용한 정보를 얻을 수 있 다. 그들은 여행 서적에 나오지 않는 진짜 맛집과 지도보다 빠른 뒷골목 지름길을 알고 있다. 그뿐만 아니라 나와 다른 나라, 다른 문화권에서 살아온 사람과의 대화를 통해 식견을 더욱 넓힐 수 있다. 인생에 즐거움과 경험을 더하는 일. 음악을 배우는 이유는 바로 여기에 있다.

음악을 즐기는 방식에는 여러 가지가 있다. 단순히 듣는 방식 도 있지만 악보를 보는 법, 악기 연주를 익히는 것, 작곡가나 연주자를 알아보는 것도 음악을 즐기는 다양한 방법들이다.

이제부터 악보를 보는 법에 대해 알아보려고 한다. 영어로 치면 알파벳부터 배우는 단계라고 보면 되겠다. 악보는 음악을 기보한 것을 말한다. 음의 높낮이, 박자, 음악의 표현 등 악보에 기록하는 내용은 많지만, 여기서는 악보를 보고 아무것도 모르는 까막눈 상태가 되는 것만 피하는 수준의 내용을 다뤄 보기로 하겠다.

1. 오선

오선은 악보를 그리는 5개의 선을 말한다. 음악가들은 이 다섯 개의 선 위에 음표, 쉼표, 음자리표, 조표 등을 그려 음악을 만든다.

2. 음자리표

높은음자리표   낮은음자리표   가온음자리표

오선 왼쪽에 그리는 것으로 음의 높낮이를 정하는 기호다. 음

자리표에는 높은음자리표, 낮은음자리표, 가온음자리표 등이 있으며 악기의 음역이 각각 다르기 때문에 악기마다 주로 쓰는 음자리표도 다르다.

3. 조표

올림표(샵)   내림표(플랫)

음자리표 다음에 붙이는 올림표나 내림표를 말한다. 올림표샵는 반음을 올리라는 뜻이고 내림표플랫는 반음을 내리라는 뜻의 기호다. 조표는 샵이나 플랫의 개수가 몇 개인가에 따라 달라진다. 샵이 붙는 순서는 파, 도, 솔, 레, 라, 미, 시이고 플랫이 붙는 순서는 이를 거꾸로 하면 된다. 즉 시, 미, 라, 레, 솔, 도, 파다.

4. 박자표

박자표는 악보의 박자를 알려 주는 기호다. 분수 형태로 표시하는데, 아래의 숫자는 한 박을 어떤 음표로 할 것인지를 알려 주

고 위의 숫자는 한 마디 안에 몇 박이 들어가는지 알려 준다. 즉
4분의 4박자는 한 마디 안에 4분음표가 4개가 들어간다고 해석
하면 된다.

5. 음이름^{계이름}

음이름은 음높이에 따라 이름을 붙이는 것을 말하고 계이름은
조표에 따라 으뜸음이 변하는 것을 말한다. 음높이는 정해진 진
동수에 따라 결정되므로, 440Hz의 진동수를 가진 음이 '라'라고
하면 이는 앞의 조표가 어떻게 되든지 바뀌지 않는다. 하지만 계
이름의 경우 조표에 따라 으뜸음을 정하고 음의 간격에 따라 상
대적으로 이름이 바뀐다.

오선, 음자리표, 조표, 박자표 그리고 음이름에 대해 알아보았
다. 이 밖에도 악보에는 셈여림, 빠르기말, 표현 등 음악을 만든
사람이 연주자에게 요구하는 다양한 언어들이 있다. 재밌는 것
은, 악보는 일종의 기호인데 이 기호를 어떻게 해석하느냐는 연
주하는 사람에 따라 다르다는 것이다. 악보를 보는 일은 음악을
즐기는 여러 가지 행위 중 하나에 불과하지만, 이것을 시작으로

여러분이 음악을 더욱 깊이 이해할 수 있기 바란다.

다름을 하나로 만드는 오케스트라

오케스트라 음악은 현악기, 목관 악기, 금관 악기, 타악기가 모두 모여 연주하는 형태의 음악을 말한다. 어떤 사람은 클래식 음악의 완성 형태라고 말하기도 한다. 관객 입장으로 오케스트라 공연을 보는 것은 하나의 세계를 보는 것 같다. 모양도 다르고 연주 방법도 다르고 음색도 제각각인데 그 모든 것이 하나가 되는 순간은 때때로 사람들에게 전율을 안겨 준다.

앞서 우리는 오케스트라에 등장하는 악기에 대해 전반적으로 알아보았다. 여기에서는 각기 다른 음색을 가진 악기들이 오케스트라 안에서 어떻게 연주되는지 살펴볼 것이다.

클래식 음악을 작곡하는 작곡가는 현악기, 관악기, 타악기를 어떻게 조합할지 고민한다. 수학적으로 따지면 악기 조합의 가짓수는 수천수만 가지가 나올 수 있다. 하지만 작곡가들은 악기의 음색을 고려해 사람이 듣기에 편안한 조합을 만들어 냈다. 현악기를 기준으로 하면 바이올린, 첼로, 피아노 구성의 피아노 3중주, 2대의 바이올린, 비올라, 첼로 구성의 현악 4중주 등이 있다. 관악기를 기준으로 하면 플루트, 오보에, 클라리넷, 바순, 호른의 목관 5중주나, 현악 4중주 구성에 클라리넷을 더한 클라리넷 5중주 등이 있다.

현대에 와서는 이런 통상적인 조합을 파괴하고 실험적인 구성을 만드는 작곡가들도 많지만, 기본적으로 이러한 구성을 바탕으로 오케스트라 음악을 작곡한다.

오케스트라 음악을 들을 때 각 악기군의 구성을 미리 알고 들으면 좀 더 많은 것을 이해할 수 있다. 우선 우리는 주요 멜로디를 어떤 악기군에서 연주하는지 알아야 한다. 오케스트라 음악은 주요 멜로디를 연주하는 악기군과 이를 뒷받침해 주는 연주로 구성된다. 현악기가 멜로디를 연주하다가 목관 악기가 이를 이어받거나, 하나의 악기가 솔로로 멜로디를 연주하다가 모든 악기가 함께 연주하며 반주하는 식으로 음악이 흘러가는데 작곡가들은 이런 과정을 염두에 두고 악기의 음색과 소리의 크기, 주요 멜로디의 움직임을 고민한다.

아름다운 오케스트라 곡이 작곡가의 손에서 완성되었다면 이제는 연주될 차례다. 무대 위에 오케스트라 단원들이 등장하고 마지막으로 악장과 지휘자가 들어온다. 악장은 자신의 바이올린을 들어 음정을 맞추고 바이올린 제일 앞 좌석인 자신의 자리에 앉는다. 그리고 지휘자는 오케스트라 앞에 놓인 단상에 올라선다. 오케스트라 앞에 우뚝 서 있는 지휘자는 악기를 연주하지 않는다. 오케스트라 공연을 처음 감상하는 관객이라면 이들의 역할이 궁금할 것이다. '도대체 저 사람은 뭐 하는 사람이지?'

지휘자는 오케스트라라는 악기를 연주하는 연주자다. 그의 동

작은 어떤 악기가 멜로디를 연주해야 하는지 알려 주고, 어떤 부분이 중요한지 지적하며 소리의 균형을 맞추는 역할을 한다. 그러므로 오케스트라 연주를 처음 보는 관객들은 지휘자의 움직임을 관찰할 필요가 있다. 그들의 손끝에서 다름이 하나가 되는 순간을 목격할 수 있기 때문이다.

진로 찾기 **연주자·지휘자·음악 감독
강이채 인터뷰**

1. 바이올리니스트, 가수, 지휘자, 음악 감독 등 여러 분야에서 활동하는데, 본인의 직업 정체성은 어디에 있다고 보나요?

바이올리니스트이자 싱어송라이터 강이채입니다. 저의 직업 정체성은 그냥 '음악'이 아닐까 싶어요. 여러 면에서 부족하지만, 그때그때 음악적으로 하고 싶은 일들을 조금씩 용기 내서 하다 보니 활동 분야가 넓어졌어요. 지휘는 당시 팀에 지휘할 사람이 없어서 시작했는데, 어느새 5년 넘게 하고 있어 저도 신기합니다. '일 벌이기 장인'이라는 농담을 들은 적이 있는데요, 생각만 많이 했더라면 아마 노래도 지휘도 못하지 않았을까 싶어요.

2. 지금의 자신이 되기까지 가장 결정적인 요소가 있었나요? 음

악가가 되겠다고 결심하게 된 가장 큰 계기랄까요?

저는 정말 음악 덕후인데요, 어릴 때부터 음악을 사랑하고 곁에 두니 자연스럽게 음악을 하게 된 것 같아요. 어렸을 때는 클래식 바이올린을 공부하며 연주자를 꿈꿨다면 대학생 때는 멋진 교수님과 친구들을 보며, '음악가란 저런 거구나' 하고 음악을 만드는 꿈을 꾸었습니다. 좋은 음악을 듣고 좋은 공연을 볼 때마다 조금씩 더 확신하게 되었어요.

3. 연주자로서 활동할 때와 지휘자나 음악 감독으로 활동할 때의 가장 큰 차이점은 무엇인가요?

무대 위 연주자일 때는 조금 더 감정에 충실하고 집중하게 됩니다. 조금 더 나 자신을 꺼내려고 많이 노력해요. 지휘나 음악을 감독할 때는 전체적인 균형을 많이 고민합니다. 즉흥적이고 감정적인 모습을 최대한 자제하려고 하고요. 그래서인지 연주를 마친 후에는 감정선이 남아서 한동안 상기되어 있고, 지휘를 마친 후에는 조용히 쉬게 되는 것 같아요.

4. 음악 일을 하면서 가장 보람을 느꼈던 순간은 언제였나요?

음원을 발매하고 공연을 하던 초기에는 제 음악이 저의 개인적인 것이라고 생각하고 음악 공부에 집중했어요. 그러다가 언젠가부터 제 음악을 듣고 위로받았다는 분들의 이야기를 듣고 정말 큰 보람을 느겼습니다. 제가 살면서 이런 일을 할 수 있다는 것에 감사하게 되었고요. 그 후로는 제 음악은 제 것이 아니라 듣는 이 모두의 것이라는 걸 깨닫게 되었어요.

5. 반대로 음악 일의 가장 큰 단점 또는 힘든 점에 관해 이야기해 주세요.

아무래도 창작을 계속하는 게 가장 힘든 것 같아요. 영감이 부족할 때는 정말 오래 앉아 있어도 곡이 풀리지 않지만, 영감이 솟아오를 때는 10분 만에 만족스러운 곡을 쓸 때도 있어요. 무조건 열심히 한다고 되는 일이 아니라 여전히 어렵지만, 그래서 또 재밌기도 한 것 같아요.

6. 음악가가 가져야 할 가장 중요한 덕목은 무엇일까요?

진실함이 아닐까 생각합니다.

7. 미래 사회에서 음악가로서 이루고 싶은 꿈이 있나요?

사람들이 힘들거나 지칠 때 조금이라도 마음의 위로가 되는 음악을 하고 싶어요. 사회가 전반적으로 어려울 때 직접적인 행동을 할 수 없어서 예를 들면 의료 봉사 속상할 때가 있는데요, 그럴 때마다 음악으로 조금이나마 힘이 되자는 꿈을 꾸게 됩니다.

8. 음악과 관련된 일을 하고 싶은 청소년들에게 어떤 이야기를 해 주고 싶나요?

저는 음악 일을 하면서 청소년기에 들었던 노래가 얼마나 소중하고 중요한지를 자주 생각해요. 같은 곡을 들어도 처음 들었을 때의 큰 감정들을 지금은 느낄 수 없을 때가 많거든요. 문화생활을 많이 하고 예술이 풍부한 환경에서 행복하게, 그리고 건강하게 음악 하면 좋겠습니다.

진로 찾기 **악기 제작자**

악기를 전공했다고 하면 자주 듣는 말이 있다. "선생님 악기는 얼마예요?" 음악 전공자들은 고가의 악기를 사용한다는 인식이 있어서인지 악기 가격부터 묻는 것이다. 전공자들이 고가의 악기를 사용하는 것은 어느 정도 사실이지만, 모든 전공자가 그런 것은 아니며 고가의 악기가 실력을 증명하는 것도 아니다. 우리는 여기서 근본적인 질문을 해야 한다. 비싼 악기는 도대체 왜 비싼 것일까?

2011년, 경매 시장에 나온 바이올린 한 대가 172억 원에 팔렸다. 이 바이올린은 이탈리아 크레모나 지역에 살던 안토니오 스트라디바리라는 악기 제작자가 약 300년 전에 만든 것으로, 바이올리니스트라면 누구나 한 번쯤 꿈꾸는 꿈의 악기다. 클래식 음악에 관심 없는 사람들은 의아할 것이다. 몇백 년 전에 만들어진 낡은 바이올린

한 대가 왜 이렇게 비싼 것인지 말이다.

악기 제작자를 흔히 장인이라고 부른다. 악기를 만들 재료를 선정하는 것에서부터 틀을 만들고 조립하고 소리를 시연해 보는 것까지 혼자서 직접 다 하기 때문이다. 가격이 비싼 악기들은 대부분 수제품이며, 악기 장인들이 자신의 이름을 걸고 몇 달간 공들여 만든다. 기계로 만드는 기성품과는 품질 자체가 다를 수밖에 없다.

보통 현악기 제작자들은 악기 제작 전문학교에서 일정 기간 교육을 받은 후 유명 제작자의 공방에 문하생으로 들어가 다시 수련한다. 수련 기간은 정해진 것이 아니며 학교에서처럼 친절하게 교육을 하는 것도 아니다. 이 기간은 스스로 단련하는 기간이다. 이탈리아 사람들이 악기 장인에게 마에스트로maestro, 거장라는 존칭을 쓰는 이유도 여기에 있다. 그것은 바로 그들의 인내와 끈기, 장인 정신에 대한 찬사다.

최근 스트라디바리우스Stradivarius, 스트라디바리가 만든 현악기를 지칭한다를 과학적으로 분석해 복제하려는 시도가 여러 차례 이뤄졌다. 바이올린을 CT로 찍어 여러 명의 과학자가 분석했고, 수준 높은 장인이 스트라디바리우스의 악기 제작 과정을 모방했다. 하지만 완성된 악기를 연주해 본 연주자 대부분은 복제 악기에 대해 부정적인 반응이었다. 결과적으로 스트라디바리우스 악기의 가치는 더 올라갔다.

고유의 기술은 모방한다고 해서 모방되는 게 아니다. 그렇기에 그 가치는 세월이 흐를수록 더욱 높은 평가를 받는 것이다. 기계로 악기를 찍어 내는 요즘 시대에는 더더욱 그렇다.

　한국의 경우 예술의 전당을 중심으로 악기 수리점 및 악기 제작 공방이 많이 분포되어 있다. 유럽에서 악기 제작을 공부하고 귀국해서 개인 공방을 여는 제작자의 수가 점점 느는 것이다. 게다가 2017년에는 경주대학교 수시 전형에 악기제작학과가 신설되기도 했다. 악기 제작자에 대한 대중의 인지도가 낮은 것에 비하면 한국의 악기 제작 교육 환경은 빠르게 좋아지고 있다. 언젠가 외국의 유명 연주자들이 한국 악기 장인의 악기를 사기 위해 한국으로 여행 오는 날이 오기를 바란다.

4장

음악으로
하나 되는 세상

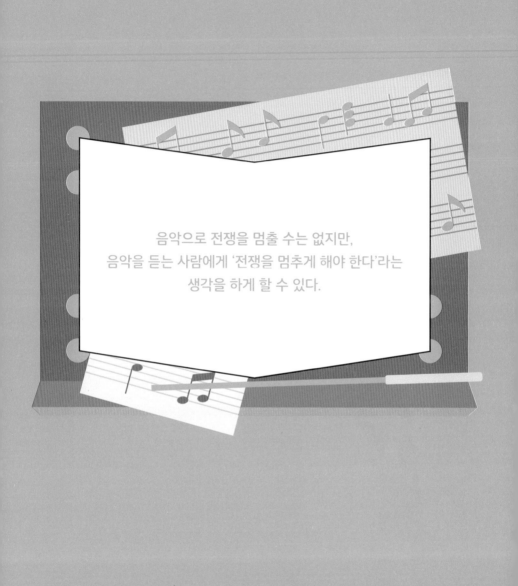

음악으로 전쟁을 멈출 수는 없지만,
음악을 듣는 사람에게 '전쟁을 멈추게 해야 한다'라는
생각을 하게 할 수 있다.

클래식 음악의 매력 속으로

같은 공연을 10번 봤다고 말하면 사람들 얼굴에 의아함이 스친다. 하지만 나에겐 똑같은 장소, 똑같은 사람, 똑같은 무대라도 다른 공연이다. 공연장을 자주 가다 보면 알 것이다. 무대 위의 공연은 단 한 순간도 같은 순간이 없다는 것을.

공연 중에 악기가 고장 난다면?

오케스트라 공연을 보러 갔을 때의 일이다. 곡이 점점 고조되더니 갑자기 악장의 바이올린 줄이 끊어졌다. 악장은 오케스트라를 대표하는 연주자로, 제1바이올린 자리에서 가장 앞에 앉아 있는 사람을 말한다. 이 사람은 지휘자와 함께 오케스트라를 이끈다고 볼 수 있다. 다시 본론으로 돌아오면, 그 순간 객석에 앉아 있던 나는 매우 놀랐다. 공연을 자주 관람하지만 그런 광경은 처음 보았기 때문이다. 무대 위에서 악기가 고장 나면 정말 아찔하겠다는 생각이 스쳤다. 그러나 관중의 걱정과 달리 악장은 잠시간 머뭇거리더니 3줄의 바이올린을 다시 연주하기 시작했다. 이 연주의 끝은 어땠을까?

1악장이 끝나고 다음 악장여기에서 악장은 곡의 악장을 말한다으로 넘어가기 직전, 악장 뒤에 앉아 있던 바이올린 단원이 악장에게 자신의 악기를 재빨리 넘겨주었다. 악기를 연주하는 사람들은 자기 악기를 자기 몸처럼 소중히 여긴다. 그런데 일말의 망설임도 없이 악기를 내어 준 것이다. 오케스트라 악장은 단원이 건네준 악기로 끝까지 연주했고 여러 가지 의미로 아름다운 마무리였다.

무대 위에서는 참 다양한 일이 생긴다. 악기가 고장 나기도 하고 악보가 날아가기도 하고 연주자나 지휘자의 신변에 갑작스러운 문제가 생기기도 한다. 실제로 나는 그 공연 이후 이와 비슷한 상황을 종종 목격했다. 하지만 어떤 문제가 생기더라도 무대 위의 사람들은 한 팀이 되어 무대를 완성했다. 마치 그것마저도 미리 계획되어 있었다는 듯 말이다.

음악은 시간의 예술이라고 불리기도 한다. 소리가 세상으로 나아가는 순간 그것은 단 한 번으로 끝난다. 똑같은 장소, 똑같은 연주자, 똑같은 음악이라도 모두 다른 소리가 난다. 매 순간이 단 한 번이기에 무대 위의 사람들은 매 순간 최선을 다할 수밖에 없다.

최고의 무대를 위한 리허설

음악 연주에서 리허설은 실제 공연처럼 연주해 보는 것을 말한다. 연주자라면 리허설은 당연하다. 어쩌면 연주자들의 인생은 대부분 리허설로 이뤄진다고 해도 과언이 아닐 것이다.

연주자는 무대 위에서 연주만 하면 되는 것으로 오해하기 쉽지만 사실 그렇지 않다. 대략 6개월 뒤에 연주회가 있다고 해보자. 우선 연주회 프로그램을 정해야 한다. 어떤 곡으로 무대를 구성할 것인지는 오롯이 연주자의 선택이다. 연주할 작곡가의 작품을 고르는 고민으로 시작해 연주의 순서까지 모두 연주자가 정해야 한다. 빠른 박자의 곡으로 시작해서 느린 박자의 곡으로 끝낼 것인지, 바로크 시대 음악으로 시작해서 현대 음악으로 끝낼 것인지, 계절과 어울리는 음악으로 구성할 것인지 등을 생각하느라 연주자의 머릿속은 언제나 바쁘다.

연주회 프로그램이 정해지면 이제 본격적인 연습에 들어간다. 대부분 연주자 혼자 연습하지만, 연주회가 가까워지면 반주를 맞추기 시작한다. 악기를 연주하든 노래를 부르든 클래식 음악에서 독주란 연주자와 반주자의 구성을 뜻한다. 물론 무반주 연주곡도 있지만, 피아노를 제외한 악기는 반주가 있는 연주를 한다.

이제 우리가 알고 있는 리허설의 시간이다. 대부분 연주회 당일 최종 리허설을 한다. 실제 공연 몇 시간 전에 공연할 장소에서 최종 점검을 하는 것이다. 장소에 따라 소리가 달라지기 때문이다. 우리가 리허설이라고 부르는 부분은 마지막 이 짧은 순간을 말한다.

인터넷 댓글에 고맙다는 의미로 "적게 일하고 많이 버세요"라는 표현을 본 적이 있다. 하나의 공연을 위해 6개월, 1년씩 준비하는 사람들에게 이런 소리는 꿈 같은 이야기일 것이다. 코로나19 시기에 공연이 많이 취소되었지만 연주자는 연습을 쉴 수가 없다. 올림픽 선수들이 4년에 한 번 있는 올림픽을 위해 매일 운동을 하는 것과 같은 이치다.

무대 위의 연주가 무사히 끝나는 것은 당연한 일이 아니다. 지금 이 순간에도 연주자들은 우리가 모르는 그들만의 리허설을 진행 중이다.

최상의 소리를 찾아서

2021년 쇼팽 국제 피아노 콩쿠르는 여러모로 특별했다. 우선 코로나19로 6년 만에 개최되었다는 점이 그랬고, 유튜브로 생중계되었다는 점이 과거와 다른 변화였다. 한국에서는 7명의 피아니스트가 참여했다. 이는 중국, 폴란드, 일본 다음으로 많은 숫자인데, 2015년 피아니스트 조성진이 우승한 이후로 이 콩쿠르에 대한 국내 연주자들의 관심도가 높아졌다는 것을 입증한다.

2022년에는 500여 명의 피아니스트가 지원했는데 영상 심사, 예선, 3번의 본선 그리고 마지막 무대까지 거쳐 캐나다의 브루스

리우가 최종 우승했다. 이런 세계적인 콩쿠르가 열리면 연주자나 우승자에 대한 여러 이슈가 사람들 입에 오르내리곤 하는데, 이번 대회에서는 조금 독특한 이슈가 있었다. 바로 음향에 관한 것이었다.

쇼팽 콩쿠르를 보기 위해 폴란드에 모여든 클래식 음악 애호가들은 유튜브로 진행되는 콩쿠르 영상을 보고 놀랄 수밖에 없었다. 홀에서 듣는 것보다 영상으로 듣는 소리가 더 좋게 느껴졌기 때문이다. 생중계 영상에 달린 수많은 댓글도 하나같이 "현장 소리보다 영상 소리가 더 좋다"고 말했다.

클래식 음악이 연주되는 공연장은 음향에 심혈을 기울인다. 소리가 사물에 부딪히며 반사 현상을 일으키기 때문이다. 우리 귀에 전달되는 소리는 우리를 둘러싼 많은 물체의 표면에 부딪혀 튕겨 나온 소리다.

현대 기술을 이용해 소리를 녹음하거나 전달하는 역할을 하는 톤마이스터Tonmeister가 공연장에서 손뼉을 치고 소리를 내는 행동을 하는 이유는 이런 반사 현상을 확인하기 위함이다. 소리가 사물에 부딪히면서 소리의 방향과 전달 거리가 바뀌는데, 톤마이스터는 최대한 많은 관객에게 가장 정확하고 좋은 소리를 전달하기 위해 현장의 소리를 점검한다.

음향 감독이라고도 불리는 톤마이스터의 존재는 일반인에겐 아직 낯설다. 일반 사람은 눈에 보이는 것에 쉽게 지배당하기 때문에 시각 이외의 감각이 우리에게 도달하는 과정에 대해 잘 모르는 경우가 많다. 음향 감독은 소리가 좀 더 잘 전달되는 방법을 연구해 음향을 조정하는 사람들로, 미디어를 통해 우리가 좋은 소리를 잘 전달받았다면 이들의 역할이 8할 이상이라고 볼 수 있다.

이번 쇼팽 콩쿠르는 두 가지 감동 포인트가 있었다. 수년간 연습에 매진해 온 연주자들의 대단한 실력이 첫 번째 포인트였고, 그들의 소리를 최상의 상태로 전달하고자 했던 톤마이스터들의 노고가 두 번째 포인트였다. 우리 주변에는 긴 시간을 들여 최상의 소리를 찾는 사람들이 있다. 여러분은 그저 그들의 노력에 귀를 기울이면 된다.

클래식 음악, 어떻게 들어야 할까?

클래식 음악을 전공한 사람으로서 "클래식 음악은 지루해요"라는 말을 들을 때 참 가슴이 아프다. '어떻게 해야 더 많은 사람이 클래식 음악에 관심을 두고 좋아할까?'라는 고민은 클래식 음악을 사랑하는 사람이라면 한 번쯤 하게 되는 고민일 거다. 도서관을 한 바퀴만 둘러봐도 클래식 음악을 소개하는 책을 쉽게 발견할 수 있으니 말이다.

클래식 음악은 알아야 할 것이 많은 음악이다. 우선 역사가 길고, 음악에 쓰이는 악기도 수십 가지인 데다 음악의 형식도 다양하다. 공부를 해도 해도 끝이 없다. 그래서 더 재미있다고 생각하는 사람도 있지만, 처음부터 바로크 시대가 어쩌고 연주자가 어쩌고 하는 식으로 접근하면 음악에 대한 흥미가 확 떨어진다.

클래식 음악을 즐기는 방법은 여러 가지가 있다. 음악의 배경지식을 연구하고 작곡가나 시대를 공부하는 방법도 있지만, 악기를 직접 연주하거나 지휘해 보거나 음악을 듣고 감상평을 써보는 등의 활동을 해보는 것도 일종의 방법이다. 여러분은 음악을 통해 창의적인 활동을 할 수 있다. 이런 활동으로 음악을 이해하고, 더 나아가 자신을 이해할 수 있을 것이다.

음악은 글을 많이 읽는다고 해서 제대로 이해할 수 있는 것이 아니다. 클래식 음악을 소리가 아닌 글로 먼저 접하게 되면 이미 지루함을 느낀 사람들이 클래식과 더욱 멀어지는 역효과가 날 수도 있다. 음악의 본질은 듣는 것이기 때문에, 클래식 음악을 알고자 한다면 우선 들어야 한다. 이 책을 포함해 클래식 음악을 소개하는 책들의 목적은 결국 독자로 하여금 클래식 음악을 들어보게 하려는 것이다. 2003년에 타계한 이탈리아 작곡가 루치아노 베리오는 이런 말을 남겼다.

"나는 사람들이 '이 음악을 이해하지 못해요, 당신이 설명해 주시겠어요?'라고 말하는 것을 이해하지 못한다. 그것은 그들이 그들 자신과 이 세상에서 그들이 차지하고 있는 위치를 이해하지 못한다는 것, 그리고 음악이 공동체의 산물임을 이해하지 못한다는 것을 의미하기 때문이다."

여러분이 어떤 음악을 들었는데 그 음악이 좋다면, 그리고 그 음악이 만약 클래식 음악이라면 많이 듣고 많이 알아가길 바란다. 클래식 음악과 친구가 되는 것은 공들일 만한 가치가 있다. 그것은 여러분을 가장 잘 이해해 주는 평생 친구를 얻는 일이니 말이다.

음악으로 이루는 세계 평화

2022년 초 러시아가 우크라이나를 침공했을 때의 일이다. 독일 베를린 장벽 앞에는 존 레넌의 〈Imagine〉을 연주하는 음악가들이 모였다. 베를린 장벽은 1961년 동독 정부가 세운 콘크리트 벽인데, 공산주의 체제였던 동독과 민주주의 체제였던 서독은 이 벽을 기준으로 서로 나뉘어 있었다. 1989년, 서독과 동독이 통일되면서 일부 장벽만 남고 베를린 장벽은 철거되었다. 이후 남아 있는 일부의 장벽이 하나의 상징이 되어 많은 예술가에게 영감을 주었고, 다시금 전쟁이 터진 이 시기에 음악가들은 메시지를 던지기 위해 이 장벽 앞으로 모였다.

우리에게 필요한 것은 바로 음악

환경 문제, 전쟁, 젠더 갈등, 기아 문제 등 세계 곳곳에서 일어나는 사건 사고에 대해 음악가들은 항상 민감하게 반응한다. 이는 전 세계 여러 곳에서 열리는 자선 콘서트를 보면 알 수 있다. '라이브 에이드Live Aid'는 1985년 개최된 대규모 록 페스티벌로, 기아 문제를 사람들에게 알리는 중요한 역할을 했다. 전 세계 15억 명 이상의 시청자가 이 공연을 보았으며 공연 시간만 16시간이 넘었다.

2000년대 이후에도 자선 콘서트는 세계 곳곳에서 계속되었다. 남아프리카 공화국의 전 대통령 넬슨 만델라는 2007년 '46664'라는 제목의 에이즈 퇴치 콘서트를 열었다. 46664는 그가 감옥에 갇혀 있었을 때의 죄수 번호로, 남아프리카 공화국의 인권을 위해 싸운 그의 역사를 대변해 주는 번호다. 대통령 자리에서 물러난 넬슨 만델라는 장남이 에이즈로 사망한 것을 밝히며 에이즈 퇴치 콘서트를 2003년부터 열기 시작했다. 2017년에는 미국의 팝가수 아리아나 그란데가 영국 맨체스터에서 자신의 공연을 보러 왔다가 테러를 당한 팬들을 기리는 추모 콘서트One Love Manchester를 열었다.

이들이 콘서트를 연다고 해서 에이즈로 사망한 아들이 살아 돌아온다던가 테러범들이 이 세상에서 없어지는 것은 아니다. 그러면 도대체 이들은 음악으로 무엇을 하려는 것일까?

1985년 대규모 록 페스티벌 라이브 에이드는 기아 문제를 해결하기 위한 자금 마련을 목적으로 공연되었다.

세계적인 인기 작가인 무라카미 하루키는 자타가 공인하는 음악 덕후다. 그의 소설에는 100곡이 넘는 음악이 직간접적으로 등장하며, 그중에 클래식 음악도 상당수를 차지한다. 그가 《오래되고 멋진 클래식 레코드》라는 책을 출간하며 이런 말을 했다.

"음악으로 전쟁을 멈출 수는 없지만, 음악을 듣는 청취자에게 '전쟁을 멈추게 해야 한다'라는 생각을 하게 할 수 있다."

음악가들이 총을 들고 전쟁터에 나가거나 의약품을 들고 사람을 치료하는 등의 직접적인 활동을 하는 것은 아니다. 그들이 음악을 연주한다고 해서 사회 문제가 단번에 사라지는 것도 아니고, 하루키의 말처럼 음악으로 전쟁을 멈출 수는 없다. 하지만 음악은 이 세상에서 가장 중요한 일을 담당하고 있는지도 모른다. 사람의 마음을 움직이는 일 말이다.

원수가 친구가 되는 기적

음악이 사람의 마음을 움직인다는 걸 우리는 수많은 경험을 통해 알고 있다. 슬플 때 위로해 주고 기쁠 때 더욱 기분을 좋게 하며 때로는 말 대신 우리의 마음을 전달하기도 한다. 하지만 이런 것들은 모두 눈에 보이는 것이 아니기에 사람들은 음악의 가치를 때때로 폄하하기도 한다.

음악이 사람의 마음을 움직인다는 것을 매우 모험적인 방법으로 실험한 지휘자가 있다. 바로 다니엘 바렌보임이다. 세계적인 피아니스트이자 지휘자인 그는 아르헨티나에서 태어난 유대인이다.

그는 1999년 아랍 국가들과 이스라엘의 청소년들을 모아 '서동시집 오케스트라'를 창단했다. 이는 당시 이스라엘 내에서 많은 논란이 되었는데, 그 이유는 그가 이스라엘이 팔레스타인에 행하는 군사적 행위에 반대 의견을 계속해서 표명했기 때문이다. 아랍 국가들과 이스라엘의 분쟁은 제2차 세계 대전 이후 현재까지 지속되고 있다.

> **서동시집 오케스트라**West-Eastern Divan Ochestra
>
> 유대인 피아니스트이자 지휘자인 다니엘 바렌보임과, 아랍인 영문학자이자 문화비평가인 에드워드 사이드가 공동 발의해 창단한 다국적 악단. 아랍인 청소년과 유대인 청소년, 그리고 스페인 청소년들로 이루어져 있다.

전 세계에 뿔뿔이 흩어져 있던 유대인들은 19세기 후반 팔레스타인 지역에 모여 이스라엘 국가를 세우자는 운동을 펼쳤다. 1948년, 이스라엘은 마침내 국가를 세웠고 아랍인들은 반발했다. 이스라엘은 팔레스타인 주변의 아랍 국가들인 이집트, 시리아 등을 공격했고, 이는 중동 전쟁의 시발점이 되었다. 4번에 걸친 중동 전쟁은 모두 이스라엘의 승리로 끝났고, 이로 인해 이스라엘의 영토는 전쟁 전보다 확장되었다.

1960년대 이후에도 아랍 국가들과 이스라엘의 분쟁은 계속되었다. 40년 넘게 전쟁과 평화 협정이 반복되는 상황 속에서 그 누구도 이들 간의 분쟁이 끝날 거라는 희망을 품을 수 없었다. 이스라엘은 아랍인들의 반복되는 테러에 강경하게 대응했고 아랍인들은 자신의 땅을 빼앗긴 것에 분노했다. 이런 배경에서 다니엘 바렌보임은 서동시집 오케스트라를 창단한 것이다.

2009년 제천국제음악영화제에서 소개된 다큐멘터리 영화 〈다니엘 바렌보임과 서동시집 오케스트라〉2006는 위와 같은 내용을 바탕으로 제작되었다. 나는 이 다큐멘터리를 보기 전까지 연주자들이 어떠한 상황에서 공연했는지 전혀 알지 못했다. 그래서 마지막 연주 장면을 보고 더욱 감동했는지도 모르겠다.

단원들이 팔레스타인의 수도 라말라에 들어서는 순간 그들의 얼굴에 여러 표정이 스쳤다. 이스라엘인들은 자신을 공격할지도 모르는 아랍인들에 대한 두려움으로 망설였고 아랍인들은 자신들이 쫓겨났던 지역에 발을 들이자니 마음이 복잡했다. 음악 안에서 친구가 되고 형제자매가 되었던 단원들조차도 서로의 나라가 원수지간이라는 현실을 일깨워 주는 무대에 오르는 것이 괴로웠을 것이다.

이스라엘 국적의 단원들은 유럽 국가와 현지 경찰의 보호를 받으며 공연 당일 급하게 공연장에 도착한다. 그리고 팔레스타인의 수도 라말라에서 공연을 시작한다. 자신의 아버지들이 전쟁에

서 적으로 만나 싸웠는데 자신들은 절친한 사이가 되어 연주하
는 것이 신기하다는 단원의 인터뷰에서 다니엘 바렌보임의 인류
애에 대한 신념을 느낄 수 있었다.

다니엘 바렌보임은 이스라엘에서 많은 논란을 일으키는 지휘
자다. 히틀러의 우상인 리하르트 바그너의 작품을 이스라엘에서
연주하고, 이스라엘이 아랍인의 땅에 정착하는 과정에 대해 비
판적인 의견을 내놓은 그에게 이스라엘 정치인들이 좋은 반응을
보일 리 없다.

2004년 이스라엘 국회에서 인류를 위해 힘쓴 사람들에게 주
는 울프상을 다니엘 바렌보임에게 수여했을 때도 마찰이 있었다.
이스라엘 장관이 그의 수상에 공개적으로 불만을 표출한 것이다.
하지만 그는 모든 사람의 의견이 다를 수 있고, 이스라엘 정부에
반발할 의도가 전혀 없다며 수상의 불만을 일축했다. 음악 안에
서는 모두가 평등하고 모두의 의견이 수용되며 다양성은 존중되
어야 한다는 그의 신념이 드러나는 순간이었다.

음악가는 자신의 음악으로 무엇을 말할 수 있을지 늘 고민한
다. 음악은 눈에 보이는 것이 아닌, 보이지 않는 것에 관여하기
때문이다. 그래서 때로는 기적을 일으키기도 한다. 원수를 친구
로 만드는 기적 같은 일 말이다.

진로 찾기 **음향 감독**
김시철 인터뷰

1. 음향 감독은 일반 사람들에게는 아직 낯선 직업인데요, 어떤 일을 하는 직업인가요?

녹음 엔지니어이자 음향 감독인 김시철입니다. 현재 사단법인 한국음향예술인 협회 이사직과 트리니티사운드 스튜디오의 대표를 맡고 있습니다. 음향 감독이란 연주자의 음악을 공연 현장 또는 음반을 통해 대중에게 전달하는 일을 합니다. 음악과 관련된 분야에 한정해서 이야기할 수 있지만, 더 큰 틀에서 보면 음향기기마이크, 레코더 등를 가지고 특정 시간에 발생하는 소리를 기록하는 일이라고 할 수 있습니다.

2. 어떤 계기로 이 일을 하게 되었나요?

고등학교 때 교내 스쿨 밴드와 합창단을 했습니다. 또 아버지께서 교회 방송실에서 봉사를 하셔서 자연스럽게 음향 장비에 익숙해졌고요. 결정적인 계기는 대학 시절 기획사에서 작곡가로 일하는 선배 한 분이 와서 노래 좀 해보지 않겠냐는 제안에 처음으로 제 목소리를 디스크에 담아 봤습니다. 당시는 하드디스크 레코딩이 막 상용화되던 시기였습니다. 사실 하드라기보단 이제는 사라진 ZIP 드라이브나 JAZ 드라이브 같은 용량이 큰 디스크에 데이터를 저장하는 방식이었는데요, 테이프가 아닌 디스크에 녹음한다는 자체가 무척 신기했죠.

한 곡의 녹음을 끝내고 컨트롤 룸으로 돌아와 녹음된 노래를 재생했습니다. 그런데 스피커로 나오는 제 목소리가 정말 못 들어주겠더군요. 음정, 감정표현……. 모든 게 엉망이었죠. 나름 노래하며 사는 게 꿈이었는데, 충격이 컸답니다. 잠시 밖에 나가 앞으로 노래하지 않겠다는 다짐을 하고 나서 다시 녹음실로 들어와 보니, 엔지니어분들이 하는 일이 참 재미있어 보였습니다.

그 후로 가이드 보컬 아르바이트도 하고 여러 가지 잡무를 도우면서 녹음실을 들락날락했죠. 그러다 보니 일이 정말 재미있더군요. 그렇게 시작하게 되었어요. 그때 나이가 스무 살 초반쯤이니 20년이 좀 넘었네요.

3. 음향 감독이 되기 위한 경로나 이 일을 하기 위해 준비해야 할

것들이 있나요?

사람의 감정을 이해하는 것에 집중하면 도움이 됩니다. 기술적인 부분은 언제든 익힐 수 있지만, 감정적인 부분에 공감하지 못한다면 연주자의 음악을 더 음악적으로 들리게끔 할 수 없지요. 연주자가 표현하고 있는 것이 어떤 감정인지 생각하지 않은 채 기계적인 방법만으로 음악을 표현하게 된다면 대중의 공감을 얻어내는 결과물을 만들 수 없습니다. 기술 관련 자료는 책과 인터넷에 잘 정리되어 있습니다. 관련 학과를 나오면 기술적인 부분에선 빨리 성장할 수 있지만, 위에 언급한 감정과 마음에 관한 부분은 공부하기 어렵습니다. 관련 학과에 진학해서 음악과 문학 공부를 병행하면 아티스트의 마음과 감정을 이해하는 음향 감독이 될 수 있을 것입니다.

4. 일을 하면서 가장 보람을 느꼈던 순간은 언제였나요?

제가 작업한 음악들이 대중에게 좋은 반응을 얻을 때가 아닐까요? 혼을 갈아 넣은 음원이 음악 프로그램에서 1위를 한다면 혼자 배시시 웃는 뭐 그런 정도? 또는 평소 팬이었던 가수와 함께 작업하면 힘든 작업이 즐거워지는 그런 때도 있죠. 최근 g.o.d 출신의 가수 김태우 씨의 〈Live on unplugged〉 방송분 작업이 고되긴 했지만, 좋아하는 곡으로 좋아하는 가수와 함께 작업을 하니 태우 씨나 저나 서로 즐거웠고, 결과물도 상당히 만족스러웠습니다. '내가 이러려고 이거 했지'라는 생각이 절로 들더군요.

5. 음향 감독 일의 가장 큰 단점 또는 힘든 점은 무엇인가요?

외롭습니다. 녹음을 진행할 땐 여러 사람과 함께하지만 녹음 이후의 후반 작업은 혼자 진행하게 됩니다. 어떤 사운드를 대중에게 들려줘야 하는지, 나 자신은 이 결과물에 만족하는지 밤새도록 생각하고 많은 것을 홀로 결정하며 작업해야 하니 즐겁지만 외롭다는 게 단점이라고 할 수 있겠네요.

6. 음향 감독에게 중요한 덕목은 무엇이라고 생각하나요?

음악을 음악으로 대하는 마음, 그리고 인내심과 체력입니다. 마음으로 대하는 것에 대해선 위의 질문에서 충분히 말씀드렸고, 어렵더라도 모든 상황에 유연하게 대처하며 음악가와 진행자들을 컨트롤할 수 있어야 합니다. 이 부분은 굉장한 인내심이 필요하죠. 짧게는 4시간, 길게는 12시간씩 쉬지 않고 일해야 하는 경우도 있으니 강한 체력도 필수입니다.

7. 미래 사회에서 음향 감독의 역할은 어떻게 달라질까요? 이 직업이 음악계에 미치는 가장 큰 영향이 무엇이라고 생각하나요?

수학적 또는 기계적으로 정확한 일을 하는 것이라면 곧 사라질 수도 있겠죠. 하지만 같은 곡을 녹음하더라도 여러 사람이 작업하면 다 다른 결과물이 나옵니다. 과학이 아닌 예술이어서겠죠. 실력자들은 향후 적어도 100년간은 존재하리라 봅니다.

음악계에 미치는 영향을 보자면 아까 말씀드렸듯이 음악을 더 음악적으로 들려주는 게 저희의 역할입니다. 연주가 끝이 아니라 그들의 음악적 시간을 결과물에 담아내어 대중에게 전달하는 것이지요. 이것 자체가 큰 영향이라 생각합니다.

8. 음향 기사가 되고 싶은 청소년들에게 어떤 이야기를 해주고 싶나요?

좋은 책과 좋은 시를 읽고, 좋은 영화를 보고, 좋은 음악을 많이 듣길 바랍니다. 비단 이 직업뿐만 아니라 인생의 큰 자양분이 된답니다. 관련 학과에 들어가더라도 거기서 만족하지 마세요. 음향 감독은 평생 공부해야 하는 직업입니다. 항상 노력하는 자세로 공부하고, 일하고, 자기 자신에게 부끄럽지 않게 행동하세요. 그것이 여러분이 음향 감독이 되기 위한 첫걸음입니다.

진로찾기 **공연 제작자**

세계 4대 뮤지컬이라고 불리는 〈캣츠〉, 〈오페라의 유령〉, 〈미스 사이공〉, 〈레 미제라블〉을 모두 한 사람이 제작했다는 사실은, 뮤지컬에 조금이나마 관심이 있는 사람이라면 잘 알고 있을 것이다. 세계 5대 소프라노, 세계 3대 오페라, 세계 3대 콩쿠르 등 사람들은 어디든 순위 매기는 것을 좋아하지만 근거 없이 매기지는 않는다. 이런 사실에 비춰 봤을 때 세계 4대 뮤지컬을 모두 제작한 캐머런 매킨토시가 대단한 사람임은 틀림없다.

공연 제작자라는 직업명만 들으면 어떤 일을 하는 사람인지 쉽게 유추할 수 있다. 그러나 여러분이 유추하는 것보다 공연 제작자는 훨씬 더 많은 일을 한다. 뮤지컬 이야기로 시작했으니 뮤지컬 제작자로 예를 들어 보자.

이들은 우선 어떤 작품을 만들 것인지 기획한다. 많은 이야기를 읽고 많은 극작가를 만나며 사람들이 좋아할 만한 작품을 선정하는 것이다. 작품이 선정되면 스토리를 만들 극작가, 음악을 만들 작곡가와 작사가, 극을 연출할 연출가 등의 공연 스태프를 섭외한다. 그리고 가장 중요한 제작비를 확보하는 일에 착수한다. 그 외에 마케팅이나 공연 운영 전반에도 관여한다. 결과적으로 공연 제작자는 공연의 처음부터 끝까지 모든 책임을 안고 가는 사람이라고 정의하면 될 것이다.

우리나라 공연 시장은 1990년대부터 빠르게 성장했다. 대중문화뿐 아니라 뮤지컬, 클래식 음악 등의 시장도 질적으로나 양적으로나 많이 발전했다. 이러한 변화를 바탕으로 공연 제작자의 역할이 더욱 중요해지게 되었다.

1990년대 후반부터 대학에는 예술기획학과, 문화예술정책학과, 공연예술행정학과, 문화예술경영학과와 같은 예술경영과 관련된 학과들이 무서운 속도로 신설되었다.

공연 제작자가 되는 방법은 크게 두 가지가 있다. 공연 제작 회사에 취직하거나 개인이 직접 공연을 제작하는 방법이다. 대형 뮤지컬 제작사의 경우 상시 채용 공고를 내기 때문에 제작사 홈페이지를 방문해서 지원하면 된다. 이는 대중음악이나 클래식 음악 공연 제작사도 같다. 공연 제작사 입사에 있어서 대학 전공과목이 크게 영향을 미치는 것은 아니지만 경영이나 예술 계통의 전공자들이 실무에 유리하다.

　두 번째로 직접 공연을 제작하는 경우다. 이는 대부분 공연 경험이 많은 연기자, 연출가, 음악가 등 예술인들이 주체가 되어 제작한다. 순수 예술을 지향하는 공연이라든지 대학로 무대처럼 소규모 공연을 제작하는 경우 공연 관계자가 직접 제작하는 경우가 많다.

　문화체육관광부 소속 예술경영 지원센터의 2022년 1분기 자료에 따르면 2022년 상반기 한국에서 열린 공연은 총 2,296건이었고 약 1,075억 원의 티켓 판매가 이뤄졌다고 한다. 코로나19로 인해 공연 시장이 많이 위축되었지만, 온라인 시장 개척 등 새로운 방도를 꾸준히 찾은 공연 제작자들의 노력으로 차차 회복세로 들어서고 있다. 이처럼 한국 공연 시장은 꾸준히 성장하고 있으며 우리나라 순수 창작 작품이 세계 무대에서 공연되는 경우도 많아지고 있다. 이를 볼 때 공연 제작자의 역할은 앞으로도 우리나라 문화사업에 중요한 부분을 차지할 것이라고 예상된다.

롤 모델 찾기 **클래식 음악 기획사 대표 정재옥**

클래식 음악 산업계를 이끄는 리더 중에는 재밌는 유사점이 종종 발견된다. 안정된 직장을 때려치우고 대중적인 성공을 이루기가 어렵다고 소문난 클래식 음악계로 입문했다는 점이다.

우리나라 대표 클래식 음악 기획사 크레디아Credia의 정재옥 대표는 과거 언론사 문화사업부에서 10년간 일했다. 어렸을 때부터 문화예술 분야에 관심이 많았던 그는 언론사에서 본인이 좋아하는 공연을 실컷 보면서 즐거운 직장 생활을 하던 와중 돌연 사표를 냈다. 그의 갑작스러운 행보에 주변인들은 모두 걱정 어린 시선을 보냈다고 한다.

1994년, 정재옥 대표는 자신의 퇴직금을 기반으로 직원 한 명과 함께 클래식 음악 기획사 크레디아를 설립했다. 그는 안정된 직장을 그만두고 사업을 시작한 계기에 대해 이렇게 설명한다.

"아무래도 언론사는 대형 엔터테인먼트 공연 위주로 갈 수밖에 없
잖아요. 당시엔 클래식, 무용 등 순수 예술 쪽 기획사 기반이 약했는
데 이 분야에도 믿을 만한 회사가 하나쯤은 있어야 한다고 생각했
어요."

크레디아는 낙후된 클래식 공연 기획에 신선한 활기를 불어넣었
다. 크레디아 이전의 한국 클래식 음악 공연은 연주자가 공연을 기
획하고 홍보했다고 해도 과언이 아니다. 클래식 음악 소속사가 흔
하지 않았기 때문이다. 이러한 흐름을 바꾼 것이 크레디아다. 크레
디아는 등장과 함께 신인 연주자를 발굴하고 그들이 대중에게 가까
이 다가갈 기회를 마련했다.

정재옥 대표의 주된 무기는 추진력이다. 그는 회사를 설립하자마
자 세계적인 피아니스트 블라디미르 아시케나지를 비롯해 이탈리
아 실내악단 이 무지치, 프랑스의 첼리스트 요요마 등 이전에 한국
에서 보기 힘들었던 유명 연주자들 섭외에 성공하면서 국내 클래식
음악 애호가들을 놀라게 했다.

그뿐 아니라 크레디아는 클래식 음악 애호가들에게는 낯선 회원
제 프로그램을 도입해 현재 10만 명이 넘는 회원을 보유하고 있다.
대중음악 팬클럽은 회원에게 공연 티켓을 사전에 예매할 기회를 준

다던가 그들만이 즐길 수 있는 프로그램을 제공하는 것이 일반적인 일이지만 클래식 음악 팬들에게 이런 프로그램은 낯선 제도였다. 정재옥 대표는 회원제 제도를 과감하게 도입하고 성공적으로 운영하면서 회사의 자본력을 키워 나갔다.

과거 한국의 클래식 음악 공연은 연주자의 연주력에 모든 것을 의지했다. 연주자의 훌륭한 실력이 곧 관객을 모으는 원동력이라고 생각했기 때문이다. 그러나 크레디아라는 기획사가 등장한 이후 클래식 음악 애호가들은 좀 더 다양한 형태의 공연을 부담 없이 즐길 수 있게 되었다.

젊은 남성 연주자로 구성된 앙상블 디토는 매회 공연마다 매진 행렬을 이어 갔고, 크레디아 소속 바이올리니스트 대니 구는 노래를 직접 부른다거나 대중음악 아티스트와 협연을 하면서 클래식 음악이 가지고 있는 보수적인 틀을 탈피했다.

이런 신진 아티스트의 발굴은 클래식 음악의 폭을 넓히는 데 큰 공헌을 했다. 크레디아는 영화나 애니메이션 주제곡을 연주하는 오케스트라나 해외 연주자와 한국 신진 연주자와의 협연 무대 등 기획이 돋보이는 공연을 선보이면서 그 이름을 클래식 음악 팬들에게 각인시켰다.

직원 한 명에서 시작했던 크레디아는 현재 100억이 넘는 이익을 창출하는 기획사로 성장했다. 코로나19로 공연 시장이 다소 침체했지만, 한국·중국·일본 클래식 음악 시장을 하나로 보고 있다는 정재

욱 대표의 인터뷰 글을 보며, 그가 앞으로 기획할 참신한 공연을 기
다려 본다.

2022년 상반기 국제 콩쿠르 입상자만 37명을 배출한 나라가 있다. 바로 한국이다. 한국은 실력이 우수한 연주자가 넘친다고 해도 과언이 아닐 만큼 세계가 인정한 연주자들이 많다. 2022년 반 클라이번 콩쿠르에서 최연소 우승이라는 기록을 세운 피아니스트 임윤찬을 비롯해 장 시벨리우스 국제 바이올린 콩쿠르에서 한국인 최초로 1위를 한 바이올리니스트 양인모, 퀸 엘리자베스 국제 음악 콩쿠르에서 1위를 한 첼리스트 최하영까지 모든 악기 부문에서 두각을 나타냈다.

우리나라는 국제 콩쿠르에서 상을 받는 작곡가도 많이 배출했다. 연주자들은 그들의 연주 영상이 대중에게 공개되면서 주목을 받지만, 작곡가는 겉으로 보여지는 퍼포먼스가 없으므로 상대적으로 조명을 못 받을 뿐이다.

여러분은 빈 필하모니 오케스트라를 비롯한 세계 유수 오케스트라가 곡을 받기 위해 대기하는 한국 작곡가가 있다는 이야기를 들어 본 적이 있는가? 그럼, 여기서 세계적인 작곡가라는 말이 절대 과장이 아닌 음악가 진은숙을 소개해 본다.

진은숙은 1961년 목회를 하는 가정에서 4남매 중 둘째로 태어났다. 음악 평론을 하는 언니 진회숙과 미학을 전공하고 교수 생활을 한 진중권까지 4남매 중 3명이 문화예술과 관련된 일을 하고 있어 그녀가 부유한 환경에서 자랐을 것으로 생각했다. 그러나 그녀의 인터뷰에 따르면 가정 형편이 좋지 못해서 어렸을 때는 작곡을 전공할 생각은 꿈에도 못 했다고 한다.

그녀는 예술 고등학교에 다니는 언니의 숙제를 대신해 주면서 작곡가의 꿈을 키웠고, 삼수 끝에 서울대학교 작곡과에 입학하게 된다. 서울대학교에서 만난 스승 강석희 교수는 그녀의 작품에 대해 과할 정도로 큰 칭찬을 해주었고 덕분에 진은숙은 대학 생활을 하면서 작곡에 대한 열정을 키워 나갔다.

그녀의 작곡 인생 전환점은 독일 함부르크에서 또 다른 스승 죄르지 리게티를 만난 것이다. 그녀는 칭찬으로 용기를 북돋아 주던 강석희 교수와 달리 엄격하기로 유명한 리게티 교수를 만나 꽤 오랜 시간 슬럼프를 겪어야 했다고 한다. 하지만 혹독한 그의 가르침을 버텨낸 진은숙은 현대 음악 작곡가로서 받을 수 있는 우수한 상을 휩쓸면서 세계적으로 이름을 날리기 시작한다.

독일에서 주로 생활하고 1년에 한두 번만 내한하는 방식으로 작품 활동을 이어 가던 진은숙은 2006년 당시 서울시립교향악단 지휘자였던 정명훈 지휘자의 요청을 받고 서울시향 상임 작곡가라는 직책을 맡아 활동하게 된다.

그녀는 현대 음악 자체를 낯설어했던 당시 한국 클래식 음악 관중에게 '아르스 노바'라는 프로그램을 선보였는데 이 프로그램은 진은숙이 직접 해설하는 현대 음악 연주회다. 그녀는 곡 선정부터 소개까지 직접 기획해 현대 음악을 한국 관중에게 알리는 계기를 마련했다.

진은숙 작곡가는 클래식 음악계의 노벨상이라고 불리는 그라베마이어 상을 비롯해 쇤베르크 상, 바흐 상, 시벨리우스 상을 받았으며 그 외에도 일일이 나열하기 어려울 만큼 많은 상을 받았다. 진은숙의 곡은 전 세계 곳곳에서 쉼 없이 연주되며 올해에도 바이올린 협주곡 2번 〈정적의 파편〉이 보스턴 심포니에 의해 뉴욕 카네기 홀에서 연주되었다. 또한 2022년부터 2026년까지 통영국제음악제에서 예술 감독을 맡아 한국 클래식 음악을 세계에 알리는 일에도 최선을 다하고 있다.

"한국은 유럽·미국과는 달리 클래식 음악의 큰 전통이 없는 듯 보인다. 하지만 그렇기 때문에 더 다양한 장르의 예술이 이뤄지고 있다.

그 다양성이 우리가 나아갈 방향이 아닌가 생각하게 되었다."

올해 통영국제음악제의 주제를 '다양성 속의 비전'으로 잡은 그녀의 인터뷰 내용을 보면서 앞으로 한국 클래식 음악의 미래가 더욱 빛날 것이라는 생각을 해본다.

직접 해보는 진로 찾기

하고 싶은 일을 하려면 무엇을 준비해야 할까?
관심 있는 직업을 직접 조사해 보자.

나의 관심사	
나의 성격	
좋아하는 공부	
내가 되고 싶은 직업	

이 직업이 하는 일	❶
	❷
	❸
	❹
	❺

진출 분야	
필요한 능력	
해야 할 공부 및 활동	
관련 자격증	
이 직업의 롤 모델	

참고 자료

도서

- 석문주, 《교실에서의 음악감상》, 교육과학사, 1999
- 스티븐 핑커 지음, 김한영 옮김, 《마음은 어떻게 작동하는가》. 동녘사이언스, 2007
- 대니얼 J. 레비틴 지음, 장호연 옮김, 《뇌의 왈츠 세상에서 가장 아름나운 상박》, 마티, 2008
- 스티븐 핑커 지음, 김한영 옮김, 《언어 본능》, 동녘사이언스, 2008
- 오카다 아케오 지음, 이진주 옮김, 《서양음악사》, 삼양미디어, 2009
- 존 파웰 지음, 장호연 옮김, 《과학으로 풀어보는 음악의 비밀》, 뮤진트리, 2012
- 올리버 색스 지음, 장호연 옮김, 《뮤지코필리아》, 알마, 2012
- 홍세원 지음, 《서양음악사》, 연세대학교 대학출판문화원, 2014
- 아르놀트 하우저 지음, 백낙청, 염무웅, 반성완 옮김, 《문학과 예술의 사회사 1-4》, 창비, 2016
- 아론 코플랜드 지음, 이석호 옮김, 《음악에서 무엇을 들어 낼 것인가》, 포노, 2016
- 야나기다 마스조 지음, 안혜은 옮김, 《악기 구조 교과서》, 보누스, 2018
- 음악미학연구회 지음, 《그래도 우리는 말해야 하지 않는가》, 음악세계, 2018
- 트레버 콕스 지음, 김아림 옮김, 《지상 최고의 사운드》, 세종서적, 2019
- 데이비드 J. 엘리엇, 마리사 실버만 지음, 최은식 외 11명 옮김, 《실천주의 음악교육 철학》, 교육과학사, 2021
- 이지영 지음, 《음악, 당신에게 무엇입니까》, 글항아리, 2021

논문

- 기현명, 이유리. 패션점포 내 배경음악과 광고사진이 소비자의 정서 및 접근 행동에 미치는 영향. 마케팅과학연구 16(3), 39-60, 2006.
- 정영주. 한국 음악 치료의 역사. 이화여자대학교 교육대학원 국내석사학위 논문. 2001

기사

- 〈[연합인터뷰] 공연기획사 크레디아 정재옥 대표〉, 연합뉴스, 2004.10.13
- 〈넬슨 만델라, 에이즈 퇴치 "46664 콘서트" 개최〉, 노컷뉴스, 2007.10.02
- 〈롯데百, 37년 만에 개·폐점 음악 변경…"왜?"〉, 뉴데일리경제, 2016.04.28.
- 〈글로 쓴 음악평론이 사라진다…영상-음성 비평 시대의 딜레마〉, 동아일보, 2021.05.15
- 〈쇼팽콩쿠르 최고의 음향팀…"현장보다 유튜브 음질 더 좋다"〉, 중앙일보, 2021.10.14
- 〈"눈오는 날 듣기 좋은 노래는요…" DJ-평론가로…'음튜버'는 진화중〉, 동아일보, 2022.01.28
- 〈"우크라 전쟁 그만"…하루키 '反戰 DJ' 나선다〉, 동아일보. 2022.03.17
- 〈작곡가 진은숙이 "입 찢어지게 자랑한다"는 이 음악제 개막〉, 중앙일보, 2022.03.27
- 〈[문화K] '조선팝', 국악의 멋과 흥, 더 친숙하게!〉, KBS, 2022.06.30

사진 출처

- 80쪽 Myrabella / wikipedia.org
- 117쪽 Musicianonamission / wikimedia.org
- 157쪽 Squelle / wikimedia.org

교과 연계

▶ 고등학교 ────────────────────────────

다른 인스타그램

뉴스레터 구독

클래식으로 전쟁을 멈춘다면
심리 치료부터 세계 평화까지 세상을 바꾸는 음악

초판 1쇄   2022년 9월 28일
초판 2쇄   2024년 11월 6일

지은이   최민아

펴낸이   김한청
기획편집   원경은 차언조 양선화 양희우 유자영
마케팅   정원식 이진범
디자인   이성아 김현주
운영   설채린

펴낸곳 도서출판 다른
출판등록 2004년 9월 2일 제2013-000194호
주소 서울시 마포구 동교로 27길 3-10 희경빌딩 4층
전화 02-3143-6478   **팩스** 02-3143-6479   **이메일** khc15968@hanmail.net
블로그 blog.naver.com/darun_pub   **인스타그램** @darunpublishers

ISBN 979-11-5633-489-7 44000
        979-11-5633-250-3 (세트)

다른 생각이
다른 세상을 만듭니다